MILHARES DE PEQUENAS SANIDADES

MILHARES DE PEQUENAS SANIDADES

A AVENTURA MORAL *do* LIBERALISMO

ADAM GOPNIK

ALTA CULT
EDITORA

Rio de Janeiro, 2022

Milhares de Pequenas Sanidades

Copyright © 2022 da Starlin Alta Editora e Consultoria Eireli.
ISBN: 978-85-508-1452-0

Translated from original A Thousand Small Sanities: The moral adventure of liberalism. Copyright © 2019 by Adam Gopnik. ISBN 978-1-5416-9936-6. This translation is published and sold by permission of Basic Books, an imprint of Perseus Books, LLC, a subsidiary of Hachette BookGroup, Inc., the owner of all rights to publish and sell the same. PORTUGUESE language edition published by Starlin Alta Editora e Consultoria Eireli, Copyright © 2022 by Starlin Alta Editora e Consultoria Eireli.

Impresso no Brasil — 1ª Edição, 2022 — Edição revisada conforme o Acordo Ortográfico da Língua Portuguesa de 2009.

Dados Internacionais de Catalogação na Publicação (CIP) de acordo com ISBD

G659m Gopnik, Adam
Milhares de Pequenas Sanidades: a aventura moral do liberalismo / Adam Gopnik ; traduzido por Jana Araujo. – Rio de Janeiro : Alta Books, 2022.
256 p. ; 16m x 23cm.

ISBN: 978-85-508-1452-0

1. Ciências sociais. 2. Liberalismo. I. Araujo, Jana. II. Título.

2022-328   CDD 300
               CDU 3

Elaborado por Vagner Rodolfo da Silva - CRB-8/9410

Índice para catálogo sistemático:
1. Ciências sociais 300
2. Ciências sociais 3

Todos os direitos estão reservados e protegidos por Lei. Nenhuma parte deste livro, sem autorização prévia por escrito da editora, poderá ser reproduzida ou transmitida. A violação dos Direitos Autorais é crime estabelecido na Lei nº 9.610/98 e com punição de acordo com o artigo 184 do Código Penal.

A editora não se responsabiliza pelo conteúdo da obra, formulada exclusivamente pelo(s) autor(es).

Marcas Registradas: Todos os termos mencionados e reconhecidos como Marca Registrada e/ou Comercial são de responsabilidade de seus proprietários. A editora informa não estar associada a nenhum produto e/ou fornecedor apresentado no livro.

Erratas e arquivos de apoio: No site da editora relatamos, com a devida correção, qualquer erro encontrado em nossos livros, bem como disponibilizamos arquivos de apoio se aplicáveis à obra em questão.

Acesse o site www.altabooks.com.br e procure pelo título do livro desejado para ter acesso às erratas, aos arquivos de apoio e/ou a outros conteúdos aplicáveis à obra.

Suporte Técnico: A obra é comercializada na forma em que está, sem direito a suporte técnico ou orientação pessoal/exclusiva ao leitor.

A editora não se responsabiliza pela manutenção, atualização e idioma dos sites referidos pelos autores nesta obra.

Produção Editorial
Editora Alta Books

Diretor Editorial
Anderson Vieira
anderson.vieira@altabooks.com.br

Editor
José Rugeri
acquisition@altabooks.com.br

Gerência Comercial
Claudio Lima
comercial@altabooks.com.br

Gerência Marketing
Andrea Guatiello
marketing@altabooks.com.br

Coordenação Comercial
Thiago Biaggi

Coordenação de Eventos
Viviane Paiva
eventos@altabooks.com.br

Coordenação ADM/Finc.
Solange Souza

Direitos Autorais
Raquel Porto
rights@altabooks.com.br

Assistente Editorial
Mariana Portugal

Produtores Editoriais
Illysabelle Trajano
Larissa Lima
Maria de Lourdes Borges
Paulo Gomes
Thales Silva
Thiê Alves

Equipe Comercial
Adriana Baricelli
Daiana Costa
Fillipe Amorim
Kaique Luiz
Maira Conceição
Victor Hugo Morais

Equipe de Design
João Lins
Marcelli Ferreira

Equipe Editorial
Beatriz de Assis
Brenda Rodrigues
Caroline David
Gabriela Paiva
Henrique Waldez

Marketing Editorial
Jessica Nogueira
Livia Carvalho
Marcelo Santos
Thiago Brito

Atuaram na edição desta obra:

Tradução
Jana Araujo

Copidesque
Samantha Batista

Revisão Gramatical
Hellen Suzuki
Thaís Pol

Diagramação
Luisa Maria Gomes

Capa
Marcelli Ferreira

Editora afiliada à: ASSOCIADO

Rua Viúva Cláudio, 291 – Bairro Industrial do Jacaré
CEP: 20.970-031 – Rio de Janeiro (RJ)
Tels.: (21) 3278-8069 / 3278-8419
www.altabooks.com.br — altabooks@altabooks.com.br
Ouvidoria: ouvidoria@altabooks.com.br

Para Olivia e Luke, como sempre,
embora desta vez com ainda mais urgência.

E para o meu pai,
que me ensinou e vive tudo isso.

UMA PÁGINA (OU TRÊS) DE AGRADECIMENTOS

Dan Gerstle, da Basic Books, me procurou logo após as eleições de 2016, depois de ler meu artigo na revista *The New Yorker* sobre os liberais, para tentar me convencer a escrever um breve livro sobre ideias liberais. Este é o livro — embora eu tenha certeza de que Gerstle tenha ficado um tanto surpreso, para não dizer chocado, com a extensão nada breve do livro e com o quanto acabou tratando sobre os liberais, em vez de apenas uma breve descrição do liberalismo. Agradeço a ele pela ideia, por encontrar um título soterrado entre muitos aforismos perdidos e por seu cuidado com o fluxo de conceitos e o formato dos capítulos.

Henry Finder, meu editor nos últimos 25 anos na *New Yorker*, supervisionou e, de várias maneiras, inspirou meus muitos ensaios sobre pensadores e agentes do liberalismo, que forneceram a semente — e, às vezes, as flores já desabrochadas — de grande parte deste livro. Com muito do liberalismo irônico de Burkean, ele proporcionou inspiração e, às vezes, um bom oponente para afiar sua perspicácia a esse obstinado liberal discípulo de Mill. Embora eu o tenha poupado de ler as muitas iterações desse processo, sua mente e inteligência ainda estão preservadas em algum lugar deste livro, embora provavelmente não o bastante. David Remnick, o soberano, gerente de campo e mentor da *New Yorker* nos últimos vinte anos, se manteve excessivamente paciente com um escritor que continuava lhe dizendo, em alto e bom som, que surgira uma emergência nacional. Ao tornar a *New Yorker* uma revista de consciência política, ele ajudou a moldar a base da decência atual por uma geração.

Agradeço a ele por isso e por sua amizade, atualmente de tão longa data. Muitos outros na *New Yorker* — em especial a sempre festejada e saudosa Ann Goldstein, que analisou tantas frases — tiveram, ao longo das décadas, algum papel em transformar meus pensamentos nervosos em uma torrente de palavras. Agradeço a todos.

Lara Heimert e toda a equipe da Basic Books mergulharam de cabeça e abrilhantaram com o que, para mim, foi um toque de enorme entusiasmo e apoio ao fazer este livro acontecer com um cronograma absurdamente apertado. Na *New Yorker*, muitos verificadores de fatos diligentes deram a este livro o polimento empírico que ele tem — em particular Dennis Zhou, que, em seu tempo livre, conferiu tudo o que não havia sido conferido antes. Agradeço também à minha excelente assistente Moeko Fujji e, depois, ao seu sucessor, Zach Fine. E, como sempre, ao onipresente Andrew Wylie, meu agente literário e conselheiro já há 35 anos.

Dedicar este livro aos meus filhos, Luke e Olivia, pode fazê-los parecer receptores passivos desse longo exercício de sapiência paterna, ou sermão de pai. Na verdade, eles foram participantes totalmente engajados, corrigindo meus absurdos e aprimorando minha visão, tanto política (Olivia) quanto filosófica (Luke), de inúmeras maneiras específicas. Suas impressões estão em todo o livro, e nunca gostei tanto de algo na vida quanto de narrar o conteúdo proposto de cada capítulo para eles em um único mês de verão, com café em nossas canecas, o gravador na mesa entre nós e os olhares céticos em seus rostos. Eles sempre tiveram meu amor; agora têm toda a minha gratidão. Agradeço também a Patrick Donovan, um dos incríveis amigos e leitores a quem eles me apresentaram.

Uma Página (ou Três) de Agradecimentos

Martha Parker, como faz há tanto tempo, leu todas as páginas, ouviu todos os pensamentos e participou completamente da construção — e das exaustões acumuladas — deste livro; ao mesmo tempo, esteve envolvida em criações ainda mais exaustivas, além de idealizar a capa. Mas ela sempre fez tudo isso. Também passou a vida inteira me ensinando, e ao seu mundo, que o feminismo militante e o amor feminino são as mesmas coisas vistas em diferentes momentos. É uma lição liberal.

Dois homens, infelizmente já falecidos, também rondam essas páginas. André Glucksmann, em Paris, cuja humanidade e paixão sempre serviram de repreensão para minhas próprias dificuldades, e Tony Judt, em Nova York, cuja clareza afiada sempre foi um ácido para meus gostos mais doces. Não sei se eles se conheceram, ou se teriam concordado em muita coisa — as profundas abstrações do humanismo francês e as particularidades ácidas do empirismo britânico nem sempre se dão muito bem quando reunidas —, mas, juntos, representaram a individualidade e a intratabilidade que tornam o humanismo liberal algo humano. E ambos demonstraram imensa coragem diante da mortalidade e colocaram seus filhos em primeiro lugar. Tenho esperança de que nenhum dos dois ficaria muito exasperado com o que leria aqui.

SOBRE O AUTOR

Adam Gopnik é escritor da revista *The New Yorker*, na qual escreve desde 1986. Gopnik tem três prêmios da National Magazine por ensaios e críticas e um prêmio George Polk por jornalismo de revista. Em março de 2013, recebeu a medalha de *Chevalier* da Ordem das Artes e das Letras. Ele é autor de vários livros mais vendidos, incluindo *Paris to the Moon*, e vive na cidade de Nova York.

SUMÁRIO

Introdução
Uma Longa Caminhada com uma Filha Inteligente   1

1. O Manifesto do Rinoceronte:
O que É Liberalismo?   23

2. Por que a Direita
Odeia o Liberalismo   81

3. Por que a Esquerda
Odeia o Liberalismo   141

Epílogo
Milhares de Pequenas Sanidades   207

Uma Breve Nota Bibliográfica   235

MILHARES DE PEQUENAS SANIDADES

INTRODUÇÃO

UMA LONGA CAMINHADA COM UMA FILHA INTELIGENTE

NA NOITE das eleições norte-americanas de novembro de 2016, minha filha de 17 anos, Olivia, politicamente consciente e inteligentemente cética em relação a todas as devoções progressistas, em especial a de seu pai, ficou tão chocada e preocupada com o resultado que a abracei e, juntos, saímos para uma longa caminhada nas primeiras horas da manhã em nosso bairro de Nova York. Tentei transmitir a ela uma atitude esperançosa em um momento alarmante. Expliquei-lhe por que os valores liberais e humanistas com os quais fora criada não eram apenas um legado de atitudes e assunção de posturas de uma família, mas sim ideais confiáveis pela experiência e comprovados pela história. Assegurei-lhe que o fluxo da democracia vinha da base para cima e, enquanto houvesse espaço de ação comum disponível, nenhum líder ruim poderia afetá-la. Mostrei-lhe como conectar as ideias remotas, áridas e aparentemente estéreis que ela aprendia nas aulas de história com a crise que enfrentávamos agora e como algumas dessas ideias poderiam até nos mostrar uma saída. Ela voltou para casa com a postura mais ereta e suas esperanças um pouco mais vivas.

Bom, é evidente que não. Como todos os pais em todas as ocasiões assim, gaguejei, procurei palavras e não as encontrei, mas acabamos envoltos em um abraço. (Sou um homem baixo e ela já está da minha altura.) Minhas palavras reais foram, é claro, muito menos confiantes, claras ou ambiciosas — mesmo um ensaísta de meia-idade com gosto por epigramas não conseguiu evocar um tipo de sutileza aforística, não em uma noite de tamanha discórdia. Ela precisava — nós precisávamos — simplesmente nos conectar. (Observei que ela se sentiu melhor quando, inevitavelmente, voltou para o celular e suas explosões de mensagens angustiadas em suas conversas envolventes e intermináveis com seus amigos.)

Ela não estava chocada com a ascensão de um partido da oposição ao poder — caso estivesse, eu não teria sido particularmente compreensivo, já que a alternância de partidos no poder em uma democracia é tão natural quanto a chuva. Não, ela estava chocada com a aparição repentina em sua vida do espectro de um autoritarismo imbecil (e, não por acaso, predatório), ameaçando subitamente aniquilar o sistema de valores que ela fora educada para respeitar. Não era porque o lado dela tinha perdido. Foi a primeira vez na vida dela — e na minha — que as regras do jogo democrático pareciam estar sob ataque.

Desde então, enquanto minha filha concluía o ensino médio, as coisas só se tornaram mais assustadoras e a tradição liberal corre ainda mais perigo. Não é apenas uma questão de sobrevivência da "democracia" — afinal, o Irã e a Rússia são ambos ostensivamente democráticos. É a prática da democracia *liberal*, esse casamento mágico de indivíduos livres e leis justas — da busca da felicidade, cada um de sua própria alegria, com a prática da justiça desinteressada, todos tratados da mesma forma.

Para todo lugar que olhamos, tanto na Europa quanto nos Estados Unidos, o patriotismo está sendo substituído pelo nacionalismo; o pluralismo, pelo tribalismo; a justiça impessoal, pelo capricho tirânico dos autocratas que pensam apenas em punir seus inimigos e recompensar seus assassinos de aluguel. Muitos deles conquistaram o poder por meios democráticos, mas o mantiveram por meios iliberais. A morte da democracia liberal é anunciada agora com a mesma certeza de que seu triunfo foi proclamado apenas vinte anos antes. Se, nos Estados Unidos, o pesadelo autoritário até hoje acabou mais parecido com o filme *Os Bons Companheiros* do que *1984* — como o belo filme *A Morte de Stalin* nos mostrou, o sistema de *Os Bons Companheiros* no poder era *exatamente* como seria o tipo mais cruel de autoritarismo.

No entanto, onde eu poderia encontrar para ela uma defesa contemporânea real e não escusatória do liberalismo? O que *é* o liberalismo, afinal? Nos Estados Unidos, significa vagamente a política de centro do Partido Democrata. Para os nostálgicos, significa Barack Obama. Para os depressivos nostálgicos, pode significar Michael Dukakis. (Para os depressivos nostálgicos desesperados, pode significar Michael Dukakis em um tanque.) Embora no Canadá os liberais, sem medo de serem chamados assim, frequentemente estejam no poder, na Grã--Bretanha, o temperamento liberal foi muito desviado para a ala da direita do Partido Trabalhista e a ala da esquerda do Partido Conservador. Na França, o que chamam de liberalismo é, na verdade, mais parecido com o que chamamos de libertarismo, enquanto a mesma tradição que produz nosso liberalismo lá é mais frequentemente chamada republicanismo (que, é claro, não tem nada a ver com o que chamamos de republicanismo).

Bem, as palavras mudam de significado o tempo todo, ao longo do tempo e do espaço. Mas, seja qual for o significado de liberalismo, ninguém gosta. Nas polêmicas de direita, os liberais são confundidos com os verdadeiros radicais de esquerda (que, de fato, odeiam os liberais tanto quanto a direita, ainda que a direita frequentemente não compreenda isso). E, assim, um monstro imaginário inexistente, o liberal de esquerda, é inventado. (É quase certo que, sempre que nos depararmos com essa criatura, o liberal de esquerda, todo o argumento sério desaparecerá em seu rastro.) Entre a verdadeira esquerda, o liberal se torna ainda outro monstro imaginário, o temido neoliberal. Ao emprestar uma concepção do grande poema de Lewis Carroll, "A Caça ao Snark" (em que existem dois monstros, um ruim e outro pior, sendo perseguidos por um estranho grupo de caça ao estilo de Carroll), o liberal de esquerda criado pelas polêmicas da direita é um Snark, uma criatura hedionda; então, o neoliberal da imaginação da esquerda é na verdade um Boojum — uma criatura tão horrível que dificilmente pode ser vislumbrada ou identificada.

Historicamente, e ainda hoje, tanto a extrema esquerda quanto a extrema direita odeiam os liberais ainda mais do que o extremo oposto, com quem compartilham — mesmo que não o reconheçam — o denominador comum do absolutismo. Os católicos dogmáticos conseguem se identificar mais prontamente com os comunistas dogmáticos do que com pessoas dispostas a fazer concessões. Os absolutismos concorrentes têm mais respeito um pelo outro do que por aqueles que são alérgicos aos absolutistas como um princípio absoluto.

Os liberais, na insistente imaginação de seus inimigos, não estão apenas errados, mas são medrosos, covardes. Eles buscam soluções centristas para problemas que exigem medidas radicais, defendem um status quo indefensável — seja ele imaginado, como a interferência estatal, ou a loucura do livre mercado —, não têm axiomas fixos para argumentar e geralmente desmoronam, esfregando as mãos com preocupação impotente, quando o problema começa. Não há ateus quando um avião cai, nem liberais em brigas de bares, e o que temos hoje, insiste o teimoso desprezível, é uma longa e permanente briga de bar na qual não se pode confiar em um liberal sequer para ajudá-lo a derrubar o vilão, independentemente de quem ele seja. Os liberais são elitistas desconectados, ao mesmo tempo moralistas *e* hedonistas. No meio da briga, o liberal está escrevendo uma postagem sobre garrafas biodegradáveis ou, mais provavelmente, tentando iniciar uma degustação de bourbons artesanais.

Ainda que você escolha um histórico político padrão, obterá uma visão mais complicada, mas, a seu modo, igualmente pouco inspiradora da tradição liberal. Ela tenderá a enfatizar os filósofos políticos europeus dos séculos XVII e XVIII, Montesquieu e Locke e, às vezes, Hobbes. Tenderá bastante a ideias liberais contratuais, processuais e utilitárias e oferecerá normas sociais específicas, como regras de um jogo de tabuleiro — ou tentará calcular como o máximo de satisfação pode ser oferecido ao máximo de pessoas. Essa história-padrão proporcionará uma visão do liberalismo que, de certa maneira, é pulverizada e tende a honrar os indivíduos acima das comunidades e sociedades. Você lerá sobre o quanto o liberalismo se fundamenta em uma noção moderna, materialista e, de fato, capitalista de empreendimento individual, de um indivíduo espiritualmente isolado que é muito distanciado da comunidade e da tradição. Robinson Crusoé é muitas vezes considerado o homem liberal original. Sozinho em uma ilha, escrevendo sobre sua experiência, planejando seu futuro — e, talvez não acidentalmente, contando com um guia e criado nativo para seu bem-estar.

Nada nessas descrições é totalmente falso. Mas não creio que isso nos dê uma imagem contemporânea completa ou sequer remota da tradição liberal, ou do que o liberalismo significa para nós, ou do que ele pode se tornar. Existe uma ideia distinta de uma tradição liberal que podemos usar e entender. Ela está realmente muito alinhada com a maneira como usamos o termo em nosso discurso comum — para nos referir a pessoas e partidos com igual compromisso com a reforma e a liberdade, que desejam maior igualdade entre homens e mulheres e também uma tolerância cada vez maior à diferença entre eles.

Como ensaísta, escrevi inúmeros — alguns diriam intermináveis — ensaios sobre pensadores e criadores liberais e vivi de maneira imaginativa entre filósofos liberais, políticos, ativistas e até santos, em vez de restrito apenas às ideias liberais. Minha ideia de liberalismo, embora tenha muito a ver com os indivíduos e suas liberdades, tem ainda mais a ver com casais e comunidades. Não podemos ter uma ideia da liberdade individual sem uma ideia de valores compartilhados que a incluam.

Uma visão do liberalismo que não se concentra muito estritamente nos indivíduos e em seus contratos, mas nos relacionamentos amorosos e nos valores vivos, pode nos fornecer uma noção mais clara da evolução do pensamento liberal do que o retrato ortodoxo é capaz de oferecer. Como demonstrou uma nova geração de acadêmicos, é um mito pensar que o liberalismo é obcecado pelo individualismo, que o liberalismo não tem uma rica imaginação de destinos comuns e valores compartilhados. Adam Smith, embora hoje tenha sido apropriado por *think tanks* e até engravatados de direita — Milton Friedman sempre usava gravata —, pensava em termos de cidades e de como elas compartilham suas opiniões antes de pensar em indivíduos e em como eles precificam bens.

Voltaire, o grande filósofo francês do século XVIII, sábio do Iluminismo, cujo sorriso tenso e complacente é um símbolo da razão, é um exemplo bem duvidoso de um defensor da democracia liberal em nosso sentido — mas permanece sendo um tipo de apóstolo, por ter arriscado sua vida e seu bem-estar por uma série de reformas humanitárias, protestando particularmente contra o hábito real de despir os homens e arrancar-lhes membro por membro ou quebrar seus ossos em público, um de cada vez, com uma marreta. Onde quer que haja um movimento por reformas humanas, sempre há um liberal por perto. Muitos dos grandes movimentos de reforma humanitária — a cruzada antiescravagista, por exemplo — também surgiram no seio das igrejas. Mas, em todos os casos, houve outros devotos argumentando com a mesma força pela visão oposta. O fato de muito mais ministros cristãos argumentarem *a favor* da escravidão do que contra ela enfurecia o grande Frederick Douglass, um autêntico cristão. A diferença era que, do lado certo, o lado de Douglass, geralmente havia um ou dois políticos liberais à espreita. (Historicamente, a mistura da devoção cristã e do princípio liberal pode ser muito poderosa, como nenhum grupo deve esquecer, embora ambos o façam.)

Imagens elucidam ideias, e retratos das pessoas geralmente são mais elucidativos do que suas declarações de princípio. Quando penso na tradição liberal que queria mostrar à minha filha, minha visão interna sempre retornava a uma cena simples, que me encantou por um longo tempo. É a do filósofo do século XIX John Stuart Mill e sua amada, colaboradora e (como ele sempre insistia) professora mais importante, a escritora Harriet Taylor. Loucamente apaixonados, eles se amavam em segredo e se encontravam às escondidas na jaula do rinoceronte no zoológico de Londres. "Nosso velho amigo Rino", Taylor o chamou em um bilhete. Era um lugar onde podiam se encontrar e conversar com segurança, sem medo de serem vistos por muitas pessoas, já que a atenção de todos estaria voltada para o enorme animal exótico.

Eles sofriam, vivendo na incerteza e contemplando o adultério, se é que não o tinham cometido — as opiniões variam; eles haviam visitado Paris juntos —, e já durante essas conversas começaram a escrever *Sobre a Liberdade*, um dos maiores livros de teoria política já escritos, e *A Sujeição das Mulheres*, um dos primeiros grandes manifestos feministas e um dos livros mais explosivos já escritos. (Um dos mais bem-sucedidos também, na medida em que quase todos os seus sonhos pela igualdade feminina foram alcançados, pelo menos em termos legais, em nosso tempo.)

Ao longo de sua vida, Mill declarou, enfática, clara e inequivocamente, que Taylor era a pessoa mais inteligente que ele já conhecera e a maior influência para o seu trabalho. Ele a elogiou em termos tão superlativos que despertaram a suspeita de seus leitores: "No âmbito da mais alta especulação, assim como nas menores preocupações práticas da vida cotidiana, sua mente era o mesmo instrumento perfeito, penetrante no coração e na medula da matéria; sempre aproveitando a ideia ou o princípio essencial." E assim, depois de sua morte, gerações de comentaristas — incluindo Friedrich Hayek, que infelizmente editou as cartas trocadas pelo casal — a atacaram de forma agressiva, insistindo que o pobre Mill, muito inteligente em tudo, menos nisso, estava tão cego e apaixonado que exagerou demais o papel da mulher, que obviamente não poderia ter sido tão significativo quanto o dele. Felizmente, as novas gerações de estudiosos, menos cegas pelo preconceito, começaram a "resgatar" Harriet Taylor, e seu papel na criação do liberalismo moderno parece tão grande e sua mente, tão afiada quanto o marido sempre afirmou que eram.

Eles formavam uma complicada quadrilha de lagostas no amor. Quando se conheceram, em um jantar em Finsbury, em 1830, Mill, apesar de toda a aparência vitoriana severa e carrancuda que vemos em suas fotografias, estava pronto para a paixão.

Quando menino, ele fora criado por seu pai, o grande filósofo utilitarista James Mill, para pensar a vida em termos de contabilidade, com esforços saindo e utilidades, ou prazeres, entrando. Mas, depois de um terrível colapso nervoso quando jovem, Mill recorreu decisivamente às artes liberais em busca de significado. Mozart sabia coisas que seu pai não sabia. Ele pegou emprestado o termo *autodesenvolvimento*, do filósofo alemão romântico Wilhelm von Humboldt, e passou a considerá-lo não um prazer utilitarista, mas um objetivo da vida.

Taylor, um ano mais nova que Mill, era casada com um farmacêutico bronco e bem-intencionado chamado John Taylor; eles tinham dois filhos. Ela era inteligente e bonita — "uma cabeça delicada, um pescoço de cisne e uma pele de pérola", escreveu mais tarde a filha de um convidado do importante jantar —, e já oprimida por seu casamento muito desigual. Ela e Mill logo se apaixonaram e começaram a trabalhar juntos. Um ano depois de seu primeiro encontro, alguém perguntou a ela sobre uma crítica de Byron: "Foi você ou Mill quem escreveu?" O casal logo era visto junto em todos os lugares — uma razão para, novamente, procurarem a jaula do rinoceronte. A esposa de Thomas Carlyle, Jane, comentou que "a Sra. Taylor, apesar de sobrecarregada com marido e filhos, seduzira John Mill com tanto êxito que ele estava desesperadamente apaixonado". Após anos de intrigas, os Taylor finalmente decidiram se separar. Foi quando Harriet foi a Paris e, para testar o amor de Mill, o convidou para passar seis semanas com ela. O interlúdio foi esplêndido — mas então Harriet, com uma doce altivez, permitiu que o marido fosse a Paris para testá-lo também. Harriet finalmente decidiu — com um misto de decência, incerteza e um certo tom paquerador — que eles poderiam compartilhá-la, em horários alternados, na casa dos Taylor: seu marido entreteria os convidados com ela em certos dias e Mill em outros. Taylor pagava as contas, enquanto Mill abastecia a adega. (Embora, em suas memórias, Mill tenha negado que tenham feito sexo antes de se casar, suas cartas tórridas sugerem o contrário. "Enquanto você puder me amar como demonstrou tão doce e lindamente ontem, tenho tudo o que possa me interessar ou desejar", escreveu ele em uma carta. "A influência daquela hora preciosa mantém meu ânimo desde então.")

Os próprios escritos de Harriet das décadas de 1830 e 1840 sobre a opressão do casamento revelam a urgência de uma experiência imediata. Uma mulher inteligente que foi obrigada a atender aos ideais de outrem do que é ser esposa, sentou-se em muitas mesas de jantar e observou mulheres lidando com seus ditadorezinhos idiotas: "O mais insignificante dos homens, aquele incapaz de obter influência ou consideração em qualquer outro lugar, encontra um lugar onde é o chefe e o líder. Há uma pessoa, muitas vezes superior a ele em entendimento, que é obrigada a consultá-lo e a quem ele não é obrigado a consultar. Ele é juiz, corregedor e governante de todas as questões do casal." Mill e Taylor, em suas colaborações posteriores — notadamente *A Sujeição das Mulheres,* publicado em 1869, após a morte de Taylor, mas ainda com sua marca —, não se contentavam em mostrar que as mulheres seriam mais felizes se fossem mais livres; eles foram direto ao cerne da questão e perguntaram que motivo temos para pensar que *qualquer* restrição à liberdade das mulheres é justa. Juntos, Mill e Taylor, afirmam repetidamente que ninguém pode saber em que as mulheres são ou não são "naturalmente" boas, uma vez que suas oportunidades foram muito menores quando comparadas ao tamanho de sua opressão. Argumentando contra a noção de que as mulheres não têm talento para as artes plásticas, Mill destaca astutamente que, na arte liberal em que as mulheres *são* encorajadas tanto quanto os homens, as artes cênicas em palco, todos admitem que elas são tão boas ou ainda melhores. Em uma lista de palavras modernas que mudaram mais vidas, aquelas que Mill e Taylor elaboraram juntos em *A Sujeição das Mulheres* devem estar no topo. Antes, as mulheres eram, para todos os fins, posses; depois do livro, mais cedo ou mais tarde, teriam que ser consideradas cidadãs. Você podia argumentar contra, tentar menosprezar, mas não podia mais ignorar os fatos. O caminho havia sido aberto, e o estranho casal cauteloso junto à jaula do rinoceronte foi seu desbravador.

O idílio intelectual de John e Harriet durou muito na sombra, mas pouco à luz do sol. O Sr. Taylor morreu em 1849 e, em 1851, John e Harriet se casaram. Mas, depois de apenas sete anos e meio, Harriet morreu de uma daquelas doenças tristes e sem nome que assombraram a época. Mill mandou construir um monumento — feito do mesmo mármore de Carrara que *David,* de Michelangelo — para ela em Avignon, com uma inscrição que incluía: "Se houvesse apenas mais alguns corações e intelectos como o dela / esta terra já teria se tornado o paraíso esperado."

Na época de sua morte, as ideias que John e Harriet começaram a desenvolver naquele banco ao lado da jaula do rinoceronte — sobre igualdade absoluta para as mulheres, sobre liberdade absoluta até para o discurso mais blasfemo — eram consideradas não muito mais do que um insano devaneio. As pessoas que tentam transformar Mill em um centrista cauteloso deturpam seu legado e de Taylor, que era totalmente radical. Taylor e Mill acreditavam na igualdade total entre os sexos antes de todo mundo, da mesma forma que ele acreditava na perversidade moral absoluta da escravidão, enquanto outros na Grã-Bretanha ainda contemporizavam. (Como todo mundo, ele fez o possível para que o lado certo da Guerra Civil Norte-americana vencesse, recrutando os trabalhadores de fábrica da Grã-Bretanha para se recusarem a processar o algodão da Confederação, à custa de seus próprios interesses imediatos.)

Não, a última coisa que esse casal que se encontrava junto à jaula do rinoceronte era no mundo era centrista. Eles eram realistas — radicais da realidade, determinados a viver no mundo, mesmo enquanto lutavam para mudá-lo. Não eram realistas relutantes, mas realistas românticos. Eles se chocaram e encantaram com a rapidez com que mulheres e homens começaram a se reunir e se organizar sobre o tema da emancipação das mulheres, mas aceitaram que o progresso seria lento e incerto e, às vezes, enfrentaria retrocessos. Fizeram mais do que aceitar essa necessidade. Eles se alegravam porque entendiam que, sem um processo de discussão e debate público, de ação social vinda de baixo, a emancipação das mulheres nunca seria totalmente conquistada por elas nem aceita, mesmo que de má vontade, pelos homens.

Eles não tinham ilusões sobre sua própria perfeição — eram pessoas imperfeitas, divididas e continuaram sendo assim pelo resto de suas vidas, com o triste reconhecimento da contradição humana de que sempre são dotadas as pessoas boas. Harriet amava John Mill, mas ficou com seu marido bem-intencionado e indefeso e cuidou dele durante seu terrível câncer terminal, em um tempo em que os impiedosos tratamentos que temos agora sequer existiam. Somente depois de sua morte, John e Harriet se casaram, uma união amorosa, mas muito breve.

A história de amor deles é uma das mais líricas já contadas, por ser tão ternamente irresoluta. Reconhecendo que a vida íntima é uma acomodação de contradições, eles compreenderam que a vida política e social também deve ser. A acomodação era o romance deles. Isso significava que a acomodação social também poderia ser romântica. O amor, como a liberdade, tanto nos puxa em diferentes direções quanto nos direciona. O amor, como a liberdade, pede que sejamos apenas nós mesmos, e também que nos enxerguemos nos olhos dos outros. Ceder não é sinal de colapso da consciência moral, é um sinal de força, pois não há nada mais necessário para uma consciência moral do que o reconhecimento de que outras pessoas também a têm. Ceder é um nó bem apertado entre as decências concorrentes. O amor de Harriet Taylor por John Mill foi limitado pelo páthos de John Taylor e seu amor por ela. E, como duas consciências morais não podem ser iguais, elas precisam viver em imperfeita sincronia. Perto o suficiente é bom o bastante — por enquanto.

No mesmo mês da morte de Harriet, em 1858, Mill enviou à editora o manuscrito final de *Sobre a Liberdade*, dedicando-o à memória da "amiga e esposa, cujo senso exaltado de verdade e justiça foi o meu maior incentivo". O romance na vida de Mill ajudou a transformá-lo de uma máquina pensante em uma pessoa sentimental; o "saber pleno" se tornou "amor pleno". O grande relacionamento de sua vida seria uma prova de sua confiança de que a verdadeira liberdade significava amor — relacionamento e conexão, não isolamento e egoísmo. Queremos a liberdade pelo poder de nos conectar com os outros como quisermos. O liberalismo é nossa prática comum de conexão transformada em um princípio de pluralismo, mensagens de texto adolescentes elevadas ao poder de lei.

Enquanto pensava no rinoceronte há muito tempo morto em sua jaula há muito tempo consumida, me dei conta de que o rinoceronte era o símbolo perfeito do liberalismo. Darwin nos ensinou que todos os seres vivos são uma espécie de produto de concessões, o melhor que pode ser feito naquele momento entre as demandas do meio ambiente e a herança genética com a qual ele trabalha. Nenhum ser vivo é ideal. Um rinoceronte é apenas um porco grande com um chifre.

O ideal do unicórnio deriva do rinoceronte — a imagem onírica do rinoceronte, o animal com um único chifre relatado e idealizado pelo imaginário medieval. As pessoas imaginam e fantasiam com unicórnios, criam ícones e escrevem fábulas sobre eles. Nós os caçamos. Eles são perfeitos. O único problema deles é que não existem. Nunca existiram. O rinoceronte é desajeitado e feio, de pernas curtas, imperfeito e atarracado. Mas o rinoceronte é real. Ele existe. E é formidável.

A maioria das visões políticas são unicórnios, criaturas imaginárias perfeitas que perseguimos e que nunca encontraremos. O liberalismo é um rinoceronte. É difícil de amar, engraçado de se olhar, não é bonito, mas é um animal totalmente bem-sucedido. Um rinoceronte pode derrubar um SUV — veja no YouTube! — e rolá-lo por aí como se fosse uma bola.

Portanto, as palavras liberais cruciais não são apenas *liberdade* e *democracia* — por mais importantes que sejam —, mas também *humanidade* e *reforma*, *tolerância* e *pluralismo*, *autorrealização* e *autonomia*, o vocabulário da conexão apaixonada e da comunidade escolhida. Estes não são conceitos simples e incontroversos. Mas apontam para uma série de ambições e políticas públicas específicas — a reforma humanitária das prisões, das penas, a promoção do acesso igualitário a alimentos e deixar que a decisão sobre quantos filhos ter seja tomada pela mulher que os tem — que todos almejam com a finalidade de eliminar a crueldade, o sadismo e o sofrimento desnecessário do mundo.

O liberalismo *acaba chegando* no centro, não porque os liberais sempre acham que é onde a sanidade está, mas porque reconhecem que existem tantos "eus" que precisam ser acomodados em uma sociedade que não podemos esperar que eles se reúnam em um único bairro em uma ou outra extremidade da cidade. O ponto de encontro, a *piazza*, em um vilarejo italiano, fica no centro da cidade, porque todos conseguem chegar até lá. Os gregos antigos pensavam nesse local de reunião como a "ágora", que significava mercado, mas, de forma mais ampla, o local onde os cidadãos se encontravam para reuniões não planejadas. Tiranos de todos os tipos, persas e espartanos, temiam a ágora e tentavam eliminá-la de suas cidades.

Podemos remontar as histórias ortodoxas padrões do liberalismo até o século XVII, e certamente conseguimos perceber seus contornos no Iluminismo do século XVIII. Mas é na década de 1860, precisamente no rastro de John e Harriet, que o liberalismo reconhecidamente moderno, como prática e tendência consumada, é estabelecido. Isso acontece em um período de tempo muito curto, de 1859 a 1872: durante a Guerra Civil Norte-americana até logo após o estabelecimento da Terceira República em Paris. Nesse período, surgiram os dois documentos fundamentais do humanismo liberal moderno: *A Origem das Espécies,* de Darwin, e *Sobre a Liberdade,* de Mill. A obra de Darwin foi uma nova articulação da história da vida e do papel da humanidade dentro dela, implícito, mas óbvio; a de Mill foi a articulação de uma nova compreensão da natureza da autoridade e das reivindicações do indivíduo contra ela.

No fronte político, a longa década do nascimento do liberalismo moderno testemunhou a emancipação da maioria das classes trabalhadoras britânicas, a fundação formal do Partido Liberal Britânico (sediado no London Reform Club), a vitória absoluta do lado antiescravagista (e de nação única) na Guerra Civil Norte-americana e a fundação, após o desastre da Comuna francesa,

MILHARES DE PEQUENAS SANIDADES

da República Francesa na forma em que, com a interrupção da ocupação alemã, persistiu desde então. (E não esqueçamos, em 1867, o estabelecimento da confederação canadense e de uma nação ainda sem precedentes em sua sobrevivência e resistência, bilíngue e binacional.) Todos esses eventos estão interligados: foi a vitória da União que ajudou a estimular a democratização da Grã-Bretanha e a vindicação do republicanismo nos Estados Unidos e na Grã-Bretanha que desempenharam um papel importante na remoralização dos republicanos franceses. (Foi o mesmo período que também testemunhou o surgimento dos grandes oponentes do liberalismo: o nacionalismo autoritário, com a unificação da Alemanha por Bismarck em 1871, e o socialismo radical, com o primeiro encontro da Associação dos Trabalhadores, sob a influência de Karl Marx, em Londres em 1864.)

O maior monumento ao liberalismo moderno também surgiu precisamente nessa hora, como um presente do republicanismo francês nascente ao republicanismo norte-americano triunfante. Permitimos que a Estátua da Liberdade fosse incluída na narrativa da imigração norte-americana, o que é compreensível considerando que, para muitos milhões de ancestrais norte-americanos, esse item francês tenha sido a primeira coisa norte-americana que viram. Mas ela foi concebida pela primeira vez naquele ano crucial de 1865, como um tributo à luz resplandescente do ideal republicano, em uma época em que isso ainda parecia impossível na França. Era uma figura imaginária dos sonhos que celebrava a reivindicação da liberdade nos Estados Unidos, almejando sua posterior reivindicação na França: você se casou com ela; nós também iremos, um dia. Ela é um símbolo daquela longa e crucial década, na qual a maior parte do liberalismo moderno foi forjada.

As impactantes fotografias da estátua sendo erguida em um pequeno ateliê parisiense nos recordam de sua natureza binacional — e também de sua concepção impossível. Deveria ter sido, como o sonho da própria democracia liberal, deixada na grande lixeira de projetos não realizados, como o Monumento à Terceira Internacional de Tatlin, mais tarde. Não foi. Está lá. Resplandescente. A Grã-Bretanha, a França e os Estados Unidos, naquela curta década, se tornaram, ou estavam a caminho de se tornar, democracias liberais de maneiras que nunca haviam sido antes.

Os sonhos do liberalismo, do republicanismo e de reformas de longo alcance foram realizados de maneira muito imperfeita. O mundo é um lugar imperfeito, e os liberais são atores imperfeitos dentro dele. Mas novas práticas sociais surgiram, como a estátua, contra um pano de fundo em que era bem possível imaginar, em 1859, que *nada* disso poderia acontecer — que o poder escravo venceria nos Estados Unidos, que a reação triunfaria na Grã-Bretanha e que um império ou monarquia era o futuro mais provável para a França. Em vez disso, o resultado foram regimes reformistas liberais, que, apesar de todas as suas falhas e defeitos, sob o comando de William Ewart Gladstone, Ulysses S. Grant e Léon Gambetta, estabeleceram governos que podemos reconhecer como nossos e sociedades que se parecem com as nossas, desde cartões de Natal e lojas de departamentos aos primeiros movimentos sérios dos direitos das mulheres.

O liberalismo que surgiu então não é como as regras no verso de um jogo de tabuleiro. Ele tende a conter ideias implícitas e explícitas sobre comunidade, reforma, violência, papéis sexuais e muito mais. O liberalismo, no sentido específico que eu queria explicar à minha filha, é uma tentativa de *concretizar* a liberdade, não apenas de invocá-la ou torná-la algo mágico.

Para os liberais, o uso da palavra *liberdade* deve ser como a palavra amor é usada pelos compositores — é aquilo a que a música nos leva, mas não tudo o que ela pode ser. Simplesmente ser a favor da liberdade é como ser a favor do amor — todo mundo é, e nada é resolvido assim, como John e Harriet eram sábios o suficiente para saber. São as outras palavras ao seu redor que tornam a palavra-chave importante. Tony Benett disse uma vez que sempre devemos prestar muita atenção quando Frank Sinatra canta a palavra *amor*. Mas isso porque amor não é a única palavra que ele canta.

Essa é a essência do que eu queria lhe dizer, Olivia. Que a busca por mudanças radicais por meio de medidas humanas — longe de produzir uma doutrina severa, fragmentadora e sem emoções, na qual todas as relações sociais são reduzidas ao status de um contrato — faz do liberalismo um dos grandes avanços morais da história humana. Longe de ser estupidamente materialista, meramente bruto e com fins lucrativos, a ascensão e o triunfo das ideias liberais é o episódio espiritual mais singular de toda a história da humanidade. Havia pouco na história humana antes — os antigos imaginavam um mundo sem divindade, mas nada como o escopo moral da emancipação da crueldade de escravos e mulheres.

O liberalismo é uma filosofia de "prioridade ao fato" com uma história de "prioridade aos sentimentos". O humanismo liberal é um todo, no qual o humanismo sempre precede o liberalismo. Novos sentimentos poderosos sobre uma conexão compassiva com outras pessoas, sobre a comunidade, sempre foram compartilhados informalmente antes de serem cristalizados na lei. Os contatos sociais precedem o contrato social. Compreender os fundamentos emocionais do liberalismo é essencial para compreender seu projeto político. Sua história é meramente material, da mesma maneira que a ação de grandes romances. Uma pessoa que é um modelo liberal é menos solitária, um Robinson Crusoé obcecado por manter relatos e muito mais próxima de Elizabeth Bennet em *Orgulho e Preconceito*, vivendo todos os dias dentro de uma estrutura familiar inescapável e de um terreno social específico, mas tentando negociar um novo papel para si mesma por meio da inteligência, da argumentação e da sagacidade. Lizzy Bennet reconhece que a base do acordo social não será completamente refeita por um único casamento, mas ela está disposta a enfrentar Lady Catherine de Bourgh e toda a ordem aristocrática em defesa de sua própria busca pela felicidade. O liberalismo é realista sobre a enorme tarefa de refazer mundos. Mas é romântico quanto à possibilidade de criar finais marginalmente mais felizes para o maior número possível de pessoas.

Oferecer um credo liberal, no entanto, também significa oferecer um relato tão justo e eloquente quanto possível dos *ataques* ao liberalismo, tanto da esquerda quanto da direita. Porque a liberdade de *debate*, mais do que a liberdade de expressão, é central para o ideal liberal, um credo liberal sem contra-argumentos se torna apenas mais um dogma. E Deus sabe que não há escassez de ataques para servirem de inspiração. Você, Olivia, declarou seu credo naquela noite e, ao longo do ano seguinte, um conjunto de objeções após o outro, que atingiu o ouvido interno da minha imaginação. Claro que você é liberal, você me disse! Sim, da mesma maneira que um mineiro é a favor do carvão e o Príncipe de Gales é um monarquista. Você se beneficia de suas instituições e, portanto, pensa que elas são o máximo. Não é por acaso que os maiores defensores da manipulação da ordem existente são homens brancos de meia-idade que se beneficiaram da forma como ela é manipulada. Mostre-me um homem ou mulher negros, ou uma criança latina, que não seja muito desconfiado e hostil à ordem mundial liberal (ou neoliberal) e ficarei impressionado. As pessoas sempre encontram maneiras elaboradas de defender seus próprios privilégios. Todo mundo vê o que gosta no regime que herdou e se apega a esse pretenso princípio. O colonialismo era a face do liberalismo na África, e os golpes da CIA eram a face do liberalismo na América do Sul. O racismo institucionalizado e o escândalo do encarceramento em massa são outra face da ordem liberal, o macacão laranja sob a pele bem tratada.

Não vale a pena defender um liberalismo que não oferece esperança aos camponeses equatorianos, aos trabalhadores haitianos e às crianças congolesas presas em minas de cobalto tanto quanto para as famílias progressistas de Manhattan; é apenas outro mero cartaz de papel pregado na frente da loja da família. Esses argumentos, clamando por empatia humana, ressoam em nossas vidas oriundos de todos os que testemunharam o sofrimento dos outros, ou que testemunharam sendo eles mesmos sofredores, de Frederick Douglass a Alexander Berkman. Enquanto isso, conheci bem, ao longo de uma vida de leituras, os argumentos da direita — pela autoridade contra o relativismo liberal e pela integridade das comunidades contra o cosmopolitismo liberal —, mais frequentemente encontrados em autores que eu amava como irmãos ou tios — às vezes tios loucos —, de Samuel Johnson a G. K. Chesterton.

O liberalismo é uma tradição tão distinta quanto a existente na história política, mas padece por ser uma prática antes de ser uma ideologia, um caráter, um tom e uma maneira de lidar com o mundo que vai além de um conjunto fixo de crenças. (Pelo menos isso significa que poetas, romancistas e pintores, como Trollope, George Eliot ou Manet, podem ser melhores guias para suas verdades do que filósofos ou especialistas políticos.) Também apresenta um paradoxo: supostamente a mais impessoal das ideologias, o liberalismo depende mais do exemplo pessoal. Liberais criaram o liberalismo. Um credo liberal sem personagens e ação não é apenas difícil de amar, é também impossível de *ver*. Eu queria que você observasse como as pessoas viviam tanto quanto ouvisse os princípios que expressavam. Queria que conhecesse Taylor e Mill junto à jaula do rinoceronte. Queria que conhecesse outros amantes liberais não ortodoxos, George Eliot e George Lewes, enquanto, na mesma Londres, e às vezes no mesmo zoológico, mais tarde tentavam reconciliar o darwinismo com o humanismo. Queria que você visse a mãe de André Glucksmann salvando a vida de sua família, ousando contar a verdade aos outros deportados judeus em Drancy, em 1941, liberando seu filho em uma jornada, como intelectual parisiense, do maoismo assassino ao humanismo modesto. Queria que você conhecesse Bayard Rustin, o grande homem negro e gay que organizou a marcha em Washington em 1963 e que, no final de sua longa vida, resumiu seu credo com elegância nos três passos de dança mais simples e distintamente liberais: "1) táticas não violentas; 2) meios constitucionais; 3) procedimentos democráticos." E eu queria que você também conhecesse as personalidades contrapostas. Queria que aprendesse com a paixão de Emma Goldman e entendesse o ponto de vista de Edmund Burke.

Ao fazer do liberalismo uma tese de pessoas e lugares, tanto quanto de princípios, talvez eu possa ajudar a humanizá-lo novamente para uma nova geração. Talvez eu possa fazer com que aqueles que se beneficiaram de suas graças odeiem seus vícios (que são grandes) um pouco menos e vejam suas virtudes (ainda maiores) apenas um pouco mais nitidamente. Posso até mostrar por que a felicidade do mundo depende — não, somos liberais e só podemos dizer *pode* depender — de sua renovação. Ainda acho que vale a pena sair para uma caminhada e conversar.

CAPÍTULO UM

O MANIFESTO DO RINOCERONTE: O QUE É LIBERALISMO?

FRASES PODEROSAS PODEM assumir formas peculiares. No último capítulo de *A Origem do Homem,* Charles Darwin escreve com frieza e aparente objetividade descritiva: "assim aprendemos que o homem é descendente de um quadrúpede peludo, dotado de rabo e orelhas pontudas, provavelmente de hábitos arborícolas e habitante do Velho Mundo." Essa é provavelmente a frase mais explosiva já escrita, derrubando milênios de crença na criação singular e divina do homem, mas chega até nós de maneira tão silenciosa e com tantos detalhes cômicos que é difícil acreditar em quanta polêmica ela oculta.

O liberalismo tem muitas vozes, mas o liberalismo que aqueles que se consideram humanistas liberais pretendem defender — que se opõe tanto aos esquerdistas com quem às vezes encontramos uma causa em comum quanto à ala direita com a qual às vezes compartilhamos premissas comuns — contém um ponto verdadeiro, igualmente potente e simples. *O liberalismo é uma prática política em evolução que defende a necessidade e a possibilidade de reforma social (imperfeitamente) igualitária e uma tolerância ainda maior (se não absoluta) da diferença humana por meio de conversas, manifestações e debates fundamentados e (majoritariamente) livres.*

Estou ciente de que essa frase é frustrante e talvez tão pouco inspiradora que beira a imbecilidade, chega a dar raiva. É *enfurecedora*! Duvido que eu já tenha escrito uma frase mais desajeitada. "Sou a favor de libertar o homem de suas correntes!", aclama o ideólogo marxista. "Resguardo a fé e a família!", proclama o guerreiro cristão. "Defendo uma crença contínua na necessidade de alterações incrementais não violentas das instituições existentes e de um esforço geral de ser mais gentil com todos!", tenta gritar o liberal — mas depois, só lhe resta suspirar. O slogan nem cabe em um cartaz.

Ainda assim, essa frase, sentença por sentença, é composta de gerações de mentes liberais ao longo de séculos, como pedreiros trabalhando na fachada de uma catedral — e ela tem, penso eu, consequências que a tornam tão explosiva quanto a de Darwin. É um rinoceronte, sim, mas cada uma de suas partes desajeitadas envolve um enorme avanço no entendimento da moral e na ação efetiva. O liberalismo depende de nuances e qualificações, de "evoluções" e "imperfeições". Tem uma retórica suave e estranha. Como o rinoceronte, ofende por sua deselegância. No entanto, o que o liberalismo tem a seu favor são os fatos. Os liberais não realizam nada — exceto tudo, em algum momento. A Europa Ocidental, os Estados Unidos, certamente o Canadá e também a Austrália conseguiram alcançar visões gerais de igualdade social e legal que ultrapassam em muito o que antes era conhecido pela humanidade, e isso tudo foi alcançado em grande medida por meios pacíficos e democráticos.

O fato de essas novas perspectivas de igualdade estarem sob ataque agora não altera a grandiosidade do feito. Quando recebemos um cheque da Previdência Social, comparecemos ao casamento de um amigo gay ou apenas exercemos o direito de votar sendo mulher ou ocupar um cargo público como judeu ou mórmon, somos os beneficiários dos três passos simples do liberalismo de Bayard Rustin. Podemos ver, e dizer, por exemplo, que os direitos LGBTQIA+ estão sendo atacados nos Estados Unidos por uma ala revanchista de direita — mas também precisamos parar e pensar que a própria ideia de que essa sigla inclua um grupo de pessoas com direitos dignos de proteção é total e exclusivamente uma invenção recente dos países liberais. (A homossexualidade floresceu em outros lugares — faz parte da condição humana — mas *nunca* foi especificamente protegida e até discutida como é agora, até mesmo nas escolas públicas de ensino médio de Nova York.)

O ativismo militante sem dúvida foi responsável pela realização de muitas dessas reformas. Mas foi especificamente o ativismo *liberal* que não tentou mudar tudo de uma vez, mas consertar o que estava errado no momento. Desobediência civil, mulheres acorrentadas às cercas do parlamento, a bravura dos cartistas na Grã-Bretanha, a Frente Popular na França ou os manifestantes da marcha de Selma — todos fazem parte da história da autolibertação humana. Mas, no final, seus objetivos eram específicos, não utópicos, e capazes de serem alcançados por meios democráticos em legislaturas democráticas, mesmo que apenas quando o custo de não alcançá-los se tornava muito alto para os poderes já existentes.

Entretanto, sentimentos movem mais as pessoas do que argumentos. Essa frase liberal é complicada e pesada, porque expressa a evolução de novos valores durante um longo período: o ódio à brutalidade, o reconhecimento da primazia da simpatia como cola social, a habilidade natural de fragilidade normal e de misericórdia perante a justiça e de humanidade diante do dogma, o desejo, por assim dizer, de sistematizar a compaixão e impedir a crueldade humana natural. Como esses sentimentos aconteceram é a história da aventura moral do liberalismo.

Os alicerces do liberalismo já estavam previamente rachados. O liberalismo moderno — tão distinto dos significados anteriores e mais gerais do termo, como "generoso" ou "culto" — começa com um princípio psicológico, humano. Sua base é o falibilismo — a verdade de que em geral estamos errados sobre tudo e sempre nos dividimos sobre qualquer coisa em que acreditamos. A reforma, em vez da revolução ou da repetição, é essencial porque o que fazemos agora provavelmente se baseia em uma má ideia e porque o que faremos a seguir provavelmente também será ruim de alguma outra maneira. Uma reforma incremental e cuidadosa tem a propensão de corrigir mais coisas do que qualquer outra.

Mas o liberalismo tem muitas origens. Ser liberal significou muitas coisas ao longo dos séculos, e é bom saber a variedade de coisas que significou e das quais evoluiu. É possível ver o liberalismo moderno como um desdobramento da luta entre dissidentes religiosos do século XVII ou como um movimento que se originou mais preocupado com a luta pela liberdade nacional do que pela justiça universal. É sempre esclarecedor e às vezes inspirador saber como os conceitos evoluíram, mas não devemos cair em uma falácia originalista e pensar que, porque um termo uma vez significou algo deveria *realmente* significar a mesma coisa agora. Um humanista no Renascimento significava alguém que lia grego e latim, não alguém que era gentil com animais ou com outras pessoas, mas não é isso que significa agora.

Palavras científicas muitas vezes evoluem do sentimento para o conhecimento; palavras sociais tendem a evoluir inexoravelmente do conhecimento para o sentimento. Nossos ancestrais falavam de lombalgia ou melancolia e, com o tempo, passamos a entender melhor essas coisas como vírus específicos ou distúrbios neuroquímicos. Nossos ancestrais podem, em vários momentos, ter pensado em um liberal como alguém com um número muito específico de posições sobre tópicos definidos, mas passamos a reconhecer o liberalismo como um temperamento emocional mais abrangente. Um populista já foi alguém que trabalhava pela reforma agrária; não é mais o caso. Um republicano já foi alguém que lutou pelos direitos civis, e agora... Você entendeu. O fato de uma palavra ou conceito ter uma história não quer dizer que ela tenha que manter seu significado. Árvores têm raízes; seres humanos não. O que eles têm são histórias. Histórias são maneiras de pensar sobre o passado e o presente, o que nos permite imaginar novos futuros.

E assim, historicamente, o primeiro liberal, o pai fundador (se é que tivemos um), foi Michel de Montaigne, o grande ensaísta francês do século XVI. Montaigne, que viveu de 1533 a 1592, não era filósofo ou especialista em política; era um sujeito rico que serviu dois mandatos como prefeito de Bordéus e inventou a palavra ensaio, ou *essai*, a palavra francesa para "tentativa" — sendo, em sua opinião, a mais humana das formas porque é um esforço, não um ponto final. Montaigne, o ensaísta, entendia o quanto somos divididos como seres humanos, não apenas pela fantástica propensão de nos afastar de nossos ideais, mas pela típica incompatibilidade entre nossos ideais. E isso significava que tínhamos que basear nosso comportamento social na compaixão, no ceticismo e na incerteza, em vez de no dogma, na justiça e no utopismo. Ele é conhecido por ter dito que, tendo visto a legislação vigente, se alguém o acusasse de ter roubado as torres de Notre-Dame, ele fugiria do país para evitar um julgamento. Ele sabia que a justiça abstrata quase nunca era feita, com certeza não em sua época. Mas também sabia que atos individuais de crueldade poderiam ter um fim se as pessoas simplesmente parassem de praticar tantos atos cruéis. Esse raciocínio marca o início da moralidade do liberalismo moderno.

Uma das armadilhas de escrever manifestos é que aderimos ao que chamo de Queda dos Dominós de Influências. Essa é a crença — encontrada em quase todas as pesquisas sobre como chegamos aonde estamos — de que a história política e social é o acúmulo de grandes pensamentos transmitidos por grandes pensadores. Hobbes pensou isso, Locke pensou aquilo, então Rousseau pensou mais uma coisa — e agora não servem sushi na Oberlin College. Revi e li, com muita frequência, livros culpando Voltaire por tudo o que há de errado com o mundo, e depois outros livros culpando seu inimigo Rousseau pelas mesmas coisas, ou por outras coisas erradas no mundo hoje. De todos os tipos de história que não valem a pena ser lidas, esse tipo de telefone sem fio intelectual costuma ser o mais bizarro — e sua variante, a demonologia intelectual, em que um mau pensador infecta o próximo, é o mais bizarro de todos. Podemos transformar Nietzsche e Heidegger em monstros morais que instigaram Hitler ou que colaboraram com ele, no caso de Heidegger, e também podemos criar um argumento plausível de que foram grandes filósofos que acabaram reféns de homens maus.

Na verdade, *qualquer* pensador grande o suficiente para ser interessante também será vasto o suficiente para ser dois — se não três ou quatro. Existem pelo menos quatro Marxes, seis Kants e, pelas minhas contas, oito Voltaires críveis. John Stuart Mill foi, por sua vez, libertário, feminista, capitalista, racionalista, místico e um tipo de imperialista. Todos esses são elementos da sinfonia de seu trabalho. Suas ideias não são necessariamente confusas; é que as pessoas que pensam para viver não são máquinas de pensamento, são pessoas. Elas mudam de opinião conforme o dia,

O MANIFESTO DO RINOCERONTE: O QUE É LIBERALISMO?

o humor e a circunstância — um dia seguindo uma passagem secreta para El Dorado e no dia seguinte, por um beco sem saída para Lugar Nenhum. Mais importante, os filósofos e suas grandes ideias são, com muito mais frequência, a eflorescência de seu tempo, e não a causa dele. Uma grande ideia geralmente é a condensação de muitas respirações, não o vento que sopra a história adiante. Montaigne, Mill, Taylor e os outros que discutiremos ao longo do livro cristalizaram emoções muito compartilhadas por um grande número de pessoas que não foram capazes de explicá-las tão bem. Os intelectuais testemunham a história com mais frequência do que a fazem.

No entanto, se Montaigne não foi o primeiro a sentir as coisas que escreveu, foi o primeiro a escrever as coisas que sentiu. Ele percebeu, no final da Renascença, que somos dois em nós mesmos: condenamos o que acreditamos e adotamos o que condenamos. Ao dar vida a essa verdade, ele dá vida, pela primeira vez, a um humano interior cujas contradições são idênticas à sua consciência. ("Se falo diversamente de mim, é porque me vejo de forma diversa", escreve em "Da Inconstância de Nossas Ações". "Todas as contrariedades são encontradas nela [a alma do escritor] de acordo com mudanças ou distanciamentos, e de acordo com uma tendência ou outra no momento. Envergonhado, tímido, insolente, casto, exuberante, irritado, tagarela, silencioso, amoroso, dedicado, laborioso, simpático, delicado, engenhoso, lento, sem graça, avançado, bem-humorado, afável, sábio, ignorante… somos todos emoldurados por retalhos e remendos.") Foi a partir da aceitação de nossa natureza dividida — não necessariamente pecaminosa, uma vez que os bons e os maus vêm do mesmo todo, mas simples e permanentemente imperfeitos — que um novo tipo de moralidade surgiu. O ponto essencial do grande ensaio fundamental de Montaigne, "Da Crueldade", no qual ele descreve as emoções

MILHARES DE PEQUENAS SANIDADES

de um cervo sendo caçado, é que, quando se trata de crueldade, devemos subordinar todos os outros raciocínios ao fato essencial do sofrimento do cervo. Sempre conseguimos racionalizar para justificar o sofrimento de outra pessoa. Racionalizar o sofrimento não é nada racional.

Esse lado do trabalho de Montaigne teve uma enorme influência sobre Shakespeare, que leu Montaigne em uma bela tradução para o inglês de John Florio. Ele adaptou seus pensamentos sobre a crueldade e os colocou na boca de seu sábio personagem misantropo Jaques em *As You Like It*. Os personagens contraditórios de Shakespeare — Hamlet, que tem uma conversa longa e espirituosa sobre como ser um ótimo ator e depois esfaqueia o pai de sua namorada até a morte no quarto de sua mãe — refletem o novo tipo de psicologia de mente dupla de Montaigne.

Montaigne é um liberal emocional, não contratual. Ele não dava a mínima para democracia, liberdade de expressão ou direitos de propriedade. Estavam fora de sua experiência ou de seu senso de possibilidade. Mesmo a igualdade perante a lei para ele era algo impossível — nem mesmo os aristocratas conseguiam obtê-la no regime sob o qual ele vivia. Foi por isso que fez a piada sobre as torres de Notre-Dame. Mas ele tinha um rico impulso fundamental em relação às emoções que possibilitam uma relação decente entre homem e Estado — um ceticismo abrangente sobre autoridade, compaixão por quem sofre e ódio à crueldade. Hoje imaginamos que esses sentimentos são instintivos — mas toda a experiência mostra que eles devem ser incutidos em nossas mentes. Montaigne, não tendo acesso aos conceitos abstratos que foram posteriormente estabelecidos sobre esse fundamento, torna nosso acesso a eles mais profundo quando o lemos, pois ele foi o primeiro a registrar esse alicerce (rachado). O liberalismo que veio depois do humanismo pode ser o que mantém viva a memória de Montaigne e o que o torna tão atraente. O que ele ainda está aqui para nos mostrar é o humanismo que precisa existir antes que o liberalismo possa começar.

O liberalismo aceita a imperfeição como um fato da existência. Algumas imperfeições podem ser sanadas, muitas outras, não. Tudo as contêm. Corrigir a crueldade já é trabalho suficiente para homens e mulheres. A tarefa do liberalismo não é imaginar a sociedade perfeita e nos levar a ela, mas apontar o que é cruel na sociedade que temos agora e corrigi-la, se possível. Uma aceitação da falibilidade e, com ela, um ceticismo de autoridade abertamente declarado — estas são emoções liberais ainda mais fundamentais do que preocupações com freios e contrapesos entre os poderes executivo e legislativo.

Essas emoções eram *modernas.* A compaixão pelas falhas humanas é uma emoção diferente do perdão pelos pecados. A segunda pressupõe uma igreja capaz de oferecer perdão; a primeira pressupõe apenas uma comunidade capaz de sentimentos comuns. Uma aceita a autoridade que inflige dor; a outra reconhece dolorosamente sua ausência. Nosso pai nos perdoa por nossas transgressões; perdoamos uns aos outros por nossos defeitos. É por isso que Montaigne diz que Deus não pode ser virtuoso; somente as pessoas. A virtude envolve a capacidade de superar nossas próprias queixas e olhar sinceramente para as outras pessoas. "A virtude pressupõe dificuldade", ele escreveu, em uma frase bem resumida, mas épica.

André Glucksmann, um contemporâneo herdeiro do pensamento de Montaigne, ofereceu um raciocínio parecido. Glucksmann veio de uma família judia que escapou da exterminação por muito pouco — sua mãe libertou a família de um campo de deportação ao dizer aos outros presos que todos estavam sendo enviados para a morte. A polícia francesa os tirou do campo por medo que ela incitasse os outros.

Glucksmann cresceu e participou da revolta francesa de maio de 1968. Viveu sua juventude na época em que o antropólogo Claude Lévi-Strauss imprimiu no cânone do estruturalismo francês a ideia de que a cultura humana poderia ser entendida por meio de uma série de oposições binárias — a mais fundamental sendo o que poderia ser comido cru ou cozido.

Conforme amadureceu, ele passou a acreditar que essas rígidas oposições binárias eram abstrações que nos afastavam da verdadeira realidade vivida de nossa existência continuamente confusa. Logo, Gluscksmann acrescentou mais um termo à simples dicotomia estruturalista francesa do cru e do cozido: o podre. A maior parte das coisas está apodrecendo ou apodrecida, nem crua e nem simbolicamente cozida. Verdadeiro em relação aos alimentos no sentido literal, essa verdade também se aplica à conduta humana. Sabemos que algo está apodrecendo pelo cheiro, e nosso objetivo pode ser tão simples quanto evitar que nossos alimentos estraguem. Não sabemos o que é bom, mas sabemos o que é ruim. Crueldade é ruim. Fome é ruim. Extermínio estatal é ruim. Esse tipo de liberalismo expande a tradição humanista francesa, transformando o pessimismo em relação a "verdades" em otimismo em relação a ações. Como explica Bernard-Henri Lévy, seu colega e também participante de maio de 1968, o que importa é "a ideia voltairiana de que revoluções bem-sucedidas se transformam não em fidelidade fanática a um ideal, mas na incredulidade metódica a soluções pré-fabricadas, finais e, precisamente, *ideais*". Consertar o imperfeito é o suficiente, mesmo que não tenhamos ideia do que é o perfeito. Não podemos esperar tornar a humanidade menos inconsistente, mas podemos trabalhar juntos para tornar o mundo menos cruel. Precisamos nos agarrar ao padrão do rinoceronte, não à fantasia do unicórnio — sempre perguntar qual é a melhor possibilidade real, não a imaginação ideal definitiva.

Como parar de sentir tristeza pelo sofrimento de um cervo e passar a realmente criar arranjos mais saudáveis de leis e punições que façam as pessoas sofrerem menos? Como transitar do cultivo de compaixão para realmente tornar o mundo um lugar melhor no qual, digamos, a compaixão possa ser compartilhada, e até exigida? Como passar da prática da compaixão em casos individuais — Jaques pranteando o sofrimento do cervo — para um princípio de coexistência pacífica entre as espécies? Esse é o desafio e o enigma do liberalismo.

Foi por isso que, em meados do século XVIII, pensadores britânicos se preocuparam com a maneira como David Hume estava morrendo. Boswell e Johnson debateram o assunto. Outras pessoas perguntaram o que ele dizia enquanto morria. Segundo relatos, Hume, um notório pagão — apesar do imenso sofrimento —, enfrentou a morte em Edimburgo com dignidade, respeito próprio e sem medo, como se a ameaça da extinção permanente sem uma recompensa no céu (ou punição no inferno) não fosse ameaça alguma para ele. Mesmo Boswell, que desejava desesperadamente fortalecer sua própria fé abalada com a imagem de um pagão aflito, teve que admitir que Hume estava "plácido e até alegre... falando sobre diferentes assuntos com uma tranquilidade de espírito e clareza da mente que poucos homens possuem em qualquer momento". (Dr. Johnson zombou e disse que, obviamente, por ter apostado todas as suas fichas no paganismo, Hume continuaria jogando com sua mão até o fim.)

MILHARES DE PEQUENAS SANIDADES

Muitas vezes, outro escocês peculiar ficava à beira de sua cama: Adam Smith, um escritor e professor cuidadosamente tácito; um acadêmico no sentido moderno. Hume era seu professor e mentor e, entre muitas outras coisas, juntos, os dois colaboraram de forma inconsciente para um projeto filosófico: esclarecer a primazia da simpatia na criação de conexões humanas, fazendo as pessoas serem importantes para outras pessoas, mesmo quando essas outras eram muito diferentes.

A ideia da simpatia como a cola das boas sociedades começou a ter uma presença especialmente intensa no século XVIII. De fato, a ideia da simpatia é, no mínimo, tão importante quanto o nascimento do liberalismo moderno como prática científica. O que é chamado de Iluminismo — conhecido na França como *les Lumières*, os Iluministas, termo de que gosto ainda mais — obviamente tem um papel bastante importante na maioria das histórias sobre como o liberalismo ocorreu, e com razão. No entanto, acredito que podemos deixar escapar o aspecto mais importante do Iluminismo na criação de ideias liberais. Grande parte das admiráveis histórias de meados e fim do século XVIII apela para a glorificação e a reivindicação da ciência, e vai contra o clericalismo e a religião institucionalizada que Hume rejeitara. O método experimental da ciência, o argumento defende, foi a base para uma nova fé na razão — e essa fé na evidência e no argumento se tornou a base para a revolução liberal da época.

Essa com certeza foi uma das grandes transformações na história da humanidade e mudou para sempre nossas atitudes em relação ao poder dos fatos concretos e das evidências empíricas. Mas acredito que é importante observar que a maior parte dos pensadores *liberais* influentes do Iluminismo não eram necessariamente aqueles que aceitaram a ideia de que a Razão, com R maiúsculo, pudesse agora explicar tudo, ou que pudesse substituir Deus e se

O Manifesto do Rinoceronte: O que É Liberalismo?

tornar, ela própria, um tipo de ídolo. (Os revolucionários franceses chegaram ao ponto de substituir igrejas pelos chamados Templos da Razão, embora ninguém nunca tenha descoberto exatamente como *idolatrar* a Razão da forma como Jesus ou Jeová eram adorados. Músicas e missas racionais nunca comoverão os fiéis.) A reverência irrefletida à Razão tem sido acertadamente criticada e até condenada como opressiva e louca à sua própria maneira. Ao totalizar nossas ambições — criar soluções do tipo tudo ou nada parece ser a única maneira racional —, ela se tornou responsável por grande parte da crueldade em massa, em tudo, desde manicômios ao confinamento solitário nas prisões e o racismo colonial. Ela ajudou a criar todos esses sistemas dominantes e abrangentes supostamente racionais, mas que aniquilavam os seres humanos contidos neles.

Todavia, na verdade, os pensadores liberais mais importantes daquela época não foram aqueles que abraçaram a razão sem julgamentos, mas exatamente aqueles que levaram da revolução científica a importante lição do ceticismo; que enxergaram que a única coisa que a razão de fato mostrava era que ela tinha limites; que viram que não era fácil ir de um fato a um valor, e nunca é possível saber de verdade, não é mesmo? Aqueles dois escoceses excêntricos transformaram esse tipo de ceticismo acerca do poder da consciência em relação a tudo em um princípio positivista da simpatia social.

Eles não são figuras inspiradoras convencionais. Os biógrafos de Adam Smith sempre se queixaram de sua monotonia irreparável; poucas coisas aconteceram com ele, sem dúvida nada de romântico ou mesmo muito interessante. Sua vida sexual tinha tanta graça quanto mingau de aveia, e apenas uma vívida anedota sobre ele perdura: aos 3 anos de idade, foi sequestrado por um zíngaro, isto é, um cigano, e precisou ser resgatado por seu tio. Mas o curioso é que o marasmo de sua vida faz parte da modernidade: é exatamente o tipo de vida que um homem com dons e temperamento similares teria. Ele obteve sucesso cedo, dando boas e bem pesquisadas palestras sob chancela de um velho sábio, tornou-se chefe de departamento, recebeu mentoria de acadêmicos mais velhos, encontrou um bom emprego estável em uma boa universidade e depois foi trabalhar para o governo até conseguir ganhar o suficiente publicando grandes livros enquanto oferecia ocasionais cursos de pesquisa para graduandos.

Hume, por sua vez, depois de seu colapso nervoso prematuro na juventude — que o levou à França e talvez o tenha transformado em aprendiz de ideias budistas —, era o exemplo de escocês calmo e seco, capaz de suavizar, ou tentar suavizar, até temperamentos gálicos tão atenuados quanto Jean-Jacques Rousseau. Porém, ele era tão abertamente pagão quanto qualquer um poderia ser naquele período ainda tenso. Apesar do temperamento sereno e de às vezes apoiar com transparente ironia a ideia de um criador, era raro que Hume escondesse seu ateísmo ou seu desdém pela religião organizada. Já em seu leito de morte, ele não tinha mais nenhuma cautela: "A moralidade de toda religião é ruim", afirmou categoricamente para Boswell. Quando ouvia que um homem era religioso, logo concluía que era um patife, embora tenha conhecido alguns exemplares de bons homens que eram religiosos. Ambas, a afirmação categórica e a qualificação, são típicas dele.

No início da década de 1750, em Edimburgo, Hume se tornou o amigo mais próximo e a maior influência de Smith, mas também, de certa forma, seu rival: embora longe de ser uma figura romântica, Hume tinha uma essência curiosamente corajosa, o que, ao mesmo tempo, impressionava e intimidava um pouco Smith. Já Hume, que apesar de ser, em alguns aspectos, uma figura convencional do Iluminismo, também era um grande cético acerca do movimento. Ele enxergava, e demonstrava, os nítidos limites da Razão — e o poder da simpatia, em vez da razão ou da fé, para transformar a humanidade em unidade.

Hume, acompanhando Shaftsbury, achava que a simpatia era a faculdade humana primária, nosso principal dom. É a cola emocional que reúne homens e mulheres e os mantém unidos. O sexo pode nos fazer querer a companhia do outro, mas esse é um desejo animal: o que nos torna humanos é nossa habilidade de sentir algo *por* alguém, e não apenas, ahn, sentir alguém.

O que nos impede de ficar presos em um estado de insensibilidade são os sentimentos de simpatia. Ela nos permite transformar ideias em emoções: nós não apenas pensamos de forma abstrata no sofrimento de outrem; conseguimos realmente senti-lo como o outro o sente. Para Hume, a simpatia é "a conversão de uma ideia em uma impressão [ou seja, uma emoção] pela força de nossas imaginações". É por isso que nos emocionamos mais com a imagem de uma única criança síria afogada — e, esperamos, até emocionados a ponto de agir — do que com um gráfico apresentando o número de mortes na Síria. Mais cedo ou mais tarde, *todos* somos um cervo à beira da morte, capazes de produzir um sentimento de simpatia no coração do outro.

A maior parte das ideias de Smith a respeito da política econômica vem das de Hume. A teoria do fluxo da balança comercial de Smith foi primeiramente criada por Hume, e a ideia de que a simpatia faz os mercados funcionarem também. No entanto, ele acrescentou algo novo ao quadro; abraçou na prática o que Hume considerava de forma abstrata. Suas palavras favoritas, *ativo* e *produtivo*, não são termos de Hume. Apesar de não ter lá uma vida segundo os padrões românticos, Smith gostava de viver. O que ele tirou da demonstração de Hume dos limites da razão, do absurdo da superstição e da primazia das paixões não foi uma lição da indiferença budista-estoica, mas algo mais próximo da noção da intensidade epicurista — se estamos vivendo no mundo material, vamos fazer dele nosso material.

Smith escreveu dois ótimos livros: o primeiro, *Teoria dos Sentimentos Morais*, é menos conhecido; o segundo, *A Riqueza das Nações*, entrou para o cânone e até se tornou sagrado. Os libertários de direita muitas vezes o memorizaram (ou, no mínimo, sua versão resumida), ou conhecem, pelo menos, a expressão *mão invisível* — que realmente aparece no livro —, no entanto, não fazem ideia da teoria da moralidade de Smith. Ele sugere, em ambos os livros, que é normal que os seres humanos desejem viver em uma sociedade próspera, mas que também é normal que desejem viver em uma sociedade amplamente justa. O desejo de autoaperfeiçoamento foi arraigado não na ganância, mas na simpatia, e era inerentemente social: não gostamos da aquisição em si, mas da discussão, da negociação, da interação, de todo o trabalho de construir mundos a partir de desejos. O que moveu o homem a construir o mercado foi seu amor pelo prazer e pela felicidade. Quem, ele se perguntava, poderia viver feliz em uma sociedade na qual toda a riqueza tenha sido confiscada e mantida nas mãos de alguns? Smith não acreditava que os mercados libertavam os homens, mas que homens livres avançavam em direção aos mercados. A diferença é pequena, mas decisiva; é grande parte do que queremos dizer com humanismo.

Portanto, a morte lenta e pavorosa de Hume — como ele próprio deveria saber — foi o caso teste do tipo de humanismo defendido por ele e Smith: poderia um pagão declarado enfrentar sua própria aniquilação com a mesma serenidade pela qual foi famoso ao longo de sua vida? A simpatia era suficiente para manter a sanidade de um cético? Smith, que lhe fez companhia em Edimburgo, era, para todos os efeitos, a testemunha escolhida por Hume, dizendo ao mundo que sua serenidade permaneceu até o último dia, tão íntegra quanto sua "incredulidade". Seu ateísmo permaneceu intacto, como sua compostura. Apenas alguns dias antes de morrer, Hume, gracejando sobre implorar um adiamento a Caronte, o barqueiro das almas dos recém-mortos da mitologia grega, declarou: "Acho que eu diria, 'Bom Caronte, tenho me empenhado para abrir os olhos das pessoas; tenha um pouco de paciência, apenas até que eu tenha o prazer de ver as igrejas fechadas e o clero destituído', mas Caronte responderia, 'Ó, trapaceiro indolente. Isso não acontecerá pelos próximos duzentos anos'." Com um significado irônico que eles não poderiam prever, isso ocorreu na noite de 4 de julho de 1776, data da independência dos Estados Unidos.

É a primazia que os liberais ainda depositam nesse tipo de falibilidade, que Montaigne descreveu como fundamental para nossa humanidade — a mesma natureza falha, mas não pecaminosa por si só, que Smith e Hume acreditavam que poderia se tornar a cola da simpatia social —, que os faz favorecer a reforma por meio do que poderíamos chamar de "consenso provocado". A ideia liberal de comunidade não consiste, como para muitos conservadores, em laços sanguíneos ou autoridade tradicional; ela se baseia na ideia de escolhas compartilhadas. Porém, as escolhas e o compartilhamento são essenciais para essa visão, incluindo até uma noção de empatia por aqueles do lado perdedor da discussão. Alguém propõe um mundo mais igualitário — emancipação de trabalhadores, pessoas negras ou mulheres, ou direitos civis para homossexuais — e então faz a reforma resultante perdurar, garantindo que aqueles que se opuseram podem ter perdido a luta, mas não sua dignidade, autonomia ou chance de se adaptar à mudança

MILHARES DE PEQUENAS SANIDADES

sem temer a perda de toda a sua agência. Dessa forma, o liberalismo é a mais verdadeiramente radical de todas as ideologias: ele propõe uma mudança, a implementa e a faz perdurar.

Essa nova linguagem de emoção compassiva, que tenta pensar a sociedade de forma solidária, tende, em geral, a favorecer *reforma* em vez de *revolução*. Os liberais acreditam em razão e reforma. Mas acreditam, primariamente, na reforma — que o mundo tem muitos males, que a tradição é uma grande mistura de coisas boas e péssimas e que podemos trabalhar juntos para consertar as coisas péssimas e tornar as boas acessíveis a mais pessoas. Acreditam na reforma, e não na revolução, porque o resultado funciona melhor, e mais mudança social positiva permanente é alcançada de forma incremental do que pela transformação revolucionária. Originalmente, isso era algo como um instinto temperamental, uma preferência pela paz social comprada a um preço razoável, porém, agora, é uma preferência racional. Os objetivos identificáveis do manifesto socialista, e até do marxista, do século XIX — educação pública, saúde gratuita, um papel governamental na economia, sufrágio feminino — foram todos concluídos, em maior parte de forma pacífica e bem-sucedida por atos de reforma em países liberais. A tentativa de alcançá-los por decretos e imposições — na União Soviética, na China e em outros lugares — criou catástrofes, morais e práticas, em uma escala ainda quase impossível de compreender.

Uma contestação imediata nos ocorre, e assim deve ser. Sim, obviamente, é verdade: os dois movimentos mais famosos em direção ao que consideramos sociedades liberais — nos Estados Unidos, em 1776, e depois na França, em 1789 — começaram com revoluções. E estas foram mais sangrentas do que costumamos lembrar, principalmente a norte-americana. A revolução que começou logo após a morte de David Hume não foi um simples ato de simpatia social cruzando mentes de pessoas com opiniões semelhantes. Foi um sangrento ato de guerra imposto por uma minoria de verdadeiros adeptos, os "patriotas", a uma população majoritariamente indiferente. No caso francês, o sangue veio, em maior parte, depois que a revolução foi vencida; na tentativa dos Estados Unidos, esse foi o caminho para a vitória.

Ambos os exemplos ocorreram apenas depois de o processo de reforma ser interrompido repentinamente por reacionários ultra-conservadores. A Declaração de Independência deixa claro que os fundadores acreditavam que a revolução deveria ser o último recurso depois de todos os outros meios possíveis serem esgotados, e os verdadeiros atos violentos da Revolução Francesa vieram ao mesmo tempo que a tentativa de manter o rei no poder e mudar, de forma gradual, para uma sociedade mais igualitária. De início, os revolucionários na França desejavam uma monarquia constitucional, e só passaram ao regicídio depois que o rei e sua família, erroneamente encorajados por outros poderes reacionários, tentaram fugir.

Os liberais não têm medo da revolução; no entanto, permanecerão revolucionários relutantes. Essa é uma das razões pelas quais a Revolução Norte-americana, como um todo, se saiu muito melhor do que a Francesa — ou, pelo menos, construiu uma sociedade cujos documentos fundadores puderam ser reinterpretados, e não substituídos. A Guerra Civil dos Estados Unidos foi, em essência, uma segunda revolução norte-americana, e não poderia ter sido mais sangrenta — mas os liberais do lado direito do debate sobre a escravidão poderiam argumentar, e o fizeram, que a Constituição estava do lado deles e que o que precisava ser alcançado *foi* alcançado com emendas a ela. Frederick Douglass, em seu famoso Discurso de Cinco de Julho, proferido em 5 de julho de 1852, combinaria uma rejeição militante à escravidão com uma reverência às possibilidades morais inerentes à Constituição para aniquilá-la — e essa não foi apenas uma manobra retórica criada para ganhar apoio para sua causa: "Nesse instrumento, eu defendo que não há autorização, licença, nem mesmo sanção da coisa odiosa; mas, interpretada como deveria ser interpretada, a Constituição é um GLORIOSO DOCUMENTO DE LIBERDADE. Leia seu preâmbulo, considere seus propósitos. A escravidão está entre eles? Está na porta de entrada? Ou está no templo? Não está em nenhum." Há algo glorioso e, do ponto de vista da escrita, belo no fato de que o documento que emancipou toda uma classe de escravizados chegou até nós primeiro, sutilmente, como uma "pro-clamação" e só depois, de forma permanente, como uma mera "emenda". Emendas estão entre os substantivos próprios do libera-lismo. É nesse sentido limitado, porém real, que quero sugerir que a primeira Revolução Norte-americana foi um sucesso. Na França, foram necessários uma ditadura, um império, uma revolução e um golpe fracassado antes que um governo republicano pudesse se estabelecer com uma constituição quase aceitável e que as faces liberal e republicana da Revolução Francesa fossem priorizadas.

A Revolução Norte-americana foi violenta, mas seus realizado-res se opunham à vingança. Thomas Paine, o "esquerdista" mais expressivo dos revolucionários norte-americanos, era tão respei-tado como um tipo de radical planetário, um "cidadão do mun-do", em suas próprias adoráveis palavras, que foi transformado em membro da Assembleia Nacional na França que condenou o rei à morte. Entretanto, de forma provocadora e liberal, e correndo considerável risco pessoal, Paine *se opôs* à execução: "Minha lín-gua sempre foi a da liberdade e da humanidade, e sei que nada exalta tanto uma nação quanto a união desses dois princípios (...) O que hoje parece um ato de justiça pode, mais tarde, parecer um ato de vingança. Prefiro registrar milhares de erros do lado da misericórdia do que ser obrigado a anunciar um único ato de justiça severa." É impossível imaginar, mesmo em alguns aspectos humanos, um bolchevique russo como Leon Trótski, muito menos um francês jacobino sanguinário como Robespierre, fazendo uma declaração similar. De fato, sabemos que Robespierre veementemente não o fez, rejeitando qualquer noção de misericórdia em relação aos que considerava seus inimigos: "Punir os opressores da humanidade é clemência; perdoá-los é crueldade."

Ou consideremos uma das melhores anedotas da Revolução Norte-americana: a história do Capitão Asgill. Ainda em 1782, ele foi condenado à forca por George Washington em retaliação a uma atrocidade legalista impune. Asgill, por sorte, fora escolhido como a vítima. Sua mãe, já de volta a Londres, escreveu ao Conde de Vergennes, ministro das Relações Exteriores da França, aliada dos Estados Unidos e adversária da Grã-Bretanha: "Meu filho (e único Filho), tão adorável e corajoso, tão afável quanto merecedor... está agora confinado na América, alvo de retaliação! Deveria um inocente sofrer pelos culpados? Represente a si mesmo, Senhor, a situação de uma família sob essas circunstâncias; estou cercada de tormentos; distraída pelo medo e pelo pesar; nenhuma palavra é capaz de expressar meus sentimentos ou representar a cena." Funcionou. Vergennes enviou a carta para Washington e ela se tornou um caso legal célebre na nova nação, exatamente por seu apelo à reciprocidade humana do sofrimento. "Qual deve ser o sentimento das muitas centenas de... carinhosas mães americanas cujos filhos, na flor da idade, pereceram naquele antro de sofrimento, o navio-prisão de Nova York?" — indagou um jornalista ao ler a carta. Washington ficou feliz em poupar o rapaz, e uma tragédia em cinco atos foi escrita em sua homenagem na França.

Com frequência, a violência se converteu em vingança durante a Revolução Norte-americana, como as histórias dos Legalistas do Império Unido, que construíram muito do Canadá, minha terra natal, podem demonstrar. Mas a vingança nunca se tornou um princípio moral perverso, como ocorreu em muitas revoluções, inclusive na Francesa. Para usarmos os termos clássicos que Hamilton, Madison e Washington tanto gostavam e frequentemente usavam, os liberais que fizeram a Revolução Norte-americana acreditavam mais no modelo de Cincinato do que no de César. Cincinato foi o general romano que se aposentou em sua fazenda; César conquistou e se tornou um ditador. Esse padrão de renunciar à violência assim que seus fins imediatos são alcançados está profundamente arraigado no temperamento liberal. Foi por isso que Grant e Eisenhower, generais vitoriosos, assumiram seus cargos em trajes civis (e muitas vezes preferiam outras pessoas em trajes civis a soldados).

Os liberais acreditam em guerrear tão ferrenhamente quanto necessário, terminar guerras o quanto antes e reconstruir o país derrotado da forma mais caridosa possível. A *necessidade* de travar guerras, incluindo as revolucionárias, faz parte da tradição liberal: liberalismo não é sinônimo de pacifismo nem tenta aprender lições tolas desta doutrina. Mas o culto e a celebração da violência, incluindo a revolucionária por si só, são alheios aos meios liberais.

O pecado imperdoável da escravidão norte-americana ficou marcado na fundação dos Estados Unidos. Mas esse fato histórico também nos a leva ao fato básico liberal, ou mesmo um princípio: o liberalismo procura e, em alguma altura, enxerga ou admite suas próprias falhas. *A reforma liberal, como a mudança evolutiva, por ser incremental, está aberta à evidência da experiência.* Embora o humanismo preceda a ciência moderna na história do pensamento humano — foi o pai de Galileu, um tocador de alaúde renascentista que tinha um novo sistema de afinação para disseminar, que apresentou o filho à possibilidade de avanço empírico progressivo —, os dois compartilham a disposição para buscar a instância discordante.

E, quando a reforma foi essencial, instituições democráticas liberais encararam o desafio. Isso ocorreu até quando essas instituições foram prejudicadas por desigualdades e injustiças. Mesmo quando as instituições legislativas são desiguais ou até antidemocráticas, os liberais confiam na possibilidade de reforma, pois acreditam que, enquanto as liberdades formais estejam sendo respeitadas, como o direito a se reunir e a liberdade de expressão — valores alheios a Montaigne, mas centrais para Hume, Smith e outros liberais de sua época —, é possível pressionar essas instituições e forçar reformas mesmo quando elas demonstram relutância. A crítica familiar ao liberalismo é que ele depende demais da liberdade formal; porém, na verdade, faz parte da perspicácia do liberalismo saber que, onde a liberdade formal é defendida, a prática política precisa mudar. A simpatia social leva a parcerias improváveis por causas dignas.

Então, sim, os liberais acreditam na *possibilidade* de reforma. Mas também acreditam na *necessidade* dela. Uma das coisas que distinguem o liberalismo é a prontidão em aceitar que a reforma social *sempre* será essencial. Sempre que se altera uma sociedade, surgem novas desigualdades e injustiças e uma solução torna-se necessária. O movimento pelos direitos civis triunfa em relação a seus objetivos imediatos, se não a seus objetivos de longo prazo, mas até seu sucesso limitado nos lembra de que a liberdade das mulheres ainda não foi totalmente conquistada. E assim que for conquistada, passamos às minorias sexuais, e daí por diante.

A queixa da esquerda acerca dessa visão é que reformas nunca são o suficiente; a da direita é que elas nunca se concluem. O liberal calejado nunca consegue se decidir sobre qual é a palavra mais bonita da língua, *obrigatório* ou *proibido*. De fato, é o apetite compulsivo por reformas que faz os conservadores rirem dos liberais, e deve fazer os liberais rirem de si mesmos de tempos em tempos. Reformar a língua, os pronomes, os cardápios de lanchonetes, as formas de nos dirigirmos aos outros; reformar atos sexuais para que exijam consentimento a cada etapa. Algumas *são* ridículas ou podem ser ridiculamente impostas.

Mas nossa experiência mostra que ela *é* quase sempre necessária. No geral, os reformistas entenderam tudo certo, mesmo quando ninguém acreditava nisso. É difícil lembrar quantas pessoas aparentemente sensatas achavam que a escravidão era tolerável. Ou que, em uma época, o sufrágio feminino foi uma grande piada. Ou a facilidade com que conservadores imbuídos de autoaprovação, como William Buckley, ficavam perfeitamente contentes em perpetuar o apartheid no Sul dos Estados Unidos. Aliás, basta olharmos para a luta pelo casamento igualitário para nos lembrarmos de que, até pouco tempo, pessoas com pensamento liberal desconfiavam do casamento entre homossexuais. Agora, os argumentos remanescentes, exceto entre os resistentes ferrenhos, dizem respeito a como envolvemos o casamento gay em uma mistura social mais ampla. Podemos ou não ficar indignados quando um confeiteiro se recusa a fazer um bolo para um casamento gay — mas apenas o fato de essa discussão existir é uma prova do quanto o matrimônio entre pessoas do mesmo sexo se tornou aceitável.

Reformar *tudo, sempre*? Parece improvável, não é? A verdade oculta é que, na maior parte do tempo, temos a *mesma* reforma, uma vez atrás da outra, direcionada a novos lugares e a novas pessoas: a eliminação da crueldade socialmente aprovada. A insistência de Montaigne pela compaixão, assim como a de Smith e Hume pela simpatia, aponta para uma característica permanente de nossa natureza social. A crueldade acontece e a simpatia a cura. A próxima reforma é necessária não porque mudamos nossas visões, mas porque novos tipos de crueldade estão sempre surgindo ou se tornando perceptíveis. Nossas visões se apuram; nossos círculos de compaixão se expandem. Nenhuma sociedade saudável alcança um ponto de equilíbrio seguro; sempre precisamos de mudanças. O processo de reforma é interminável não porque estamos sempre buscando uma utopia, mas porque, conforme o conhecimento se expande e altera nossas condições, precisamos de novas compreensões para mudar nossos planos.

Por fim, a reforma liberal vai em direção a fins *igualitários* — aqueles nos quais a igualdade de oportunidades é salientada pela igualdade de resultados. Sabemos que uma corrida é justa quando ela é ganha por pessoas diferentes. Muitos conservadores querem que seu mundo seja pacífico, próspero e plural, assim como os liberais, mas não necessariamente se importam se esse mundo é *justo*. Tradicionalmente fazem vista grossa para a desigualdade de uma minoria se a felicidade geral estiver disseminada entre a maioria. Isso não significa que todos foram meros lacaios de gente poderosa. Dr. Johnson e Benjamin Disraeli, ambos de origem desprivilegiada, se sentiam dessa forma. Eles não estavam tentando agradar seus superiores, mas mostrando o que achavam ver: uma sociedade que parecia funcionar melhor com uma elite no topo supervisionando uma ordem benevolente abaixo. Os dois estavam contentes em não pertencer à casta do governo e em aceitar as vantagens de sua existência. Dr. Johnson dizia que era melhor alguns serem infelizes do que todos sofrerem igualmente.

No entanto, os liberais acreditam que reduzir as distâncias sociais é um bem inerente, pois uma sociedade só pode ser plural de verdade se não for dividida em classes. Há uma passagem maravilhosa em *Tempos Difíceis*, de Charles Dickens, que resume o ponto perfeitamente. Um supervisor visitante da escola utilitária pergunta a uma garota pobre: "Garota número vinte, esta não é uma nação próspera, e você não está em um Estado auspicioso?" Ela sabiamente confessa que não poderia "saber se esta é uma nação próspera ou não e se estou em um Estado auspicioso ou não, a menos que saiba quem possui o dinheiro e se parte desse dinheiro é meu".

Mas como ocorre a reforma liberal? Mill, Taylor e seu círculo insistiam que a reforma era possível até dentro de instituições desiguais e que um círculo virtuoso poderia se iniciar mesmo em face a imensas injustiças: mude uma instituição pouco a pouco e, por fim, ela melhorará a largos passos. Pequenas brechas na oligarquia — que, por exemplo, permitiram que alguns assentos metropolitanos do Parlamento Britânico fossem reconhecidamente mais representativos que outros — podiam ser aproveitadas e exploradas. Os instintos altruístas e a mentalidade perspicaz de alguns do lado Whig da oligarquia no poder podiam ser cortejados: os romances políticos de Anthony Trollope são uma longa dramatização da história da corte dos liberais ao partido Whig e de como isso aconteceu. Certamente incitadas por manifestações públicas em parques e desfiles militares — outro tema em nossa frase fundadora liberal —, nem a classe instruída nem a trabalhadora, que lutavam por reformas na Grã-Bretanha de meados do século XIX, abandonaram seu compromisso com os passos essenciais das táticas não violentas, dos meios constitucionais e dos procedimentos democráticos.

Uma das verdades empíricas mais importantes dos séculos passados é que a falta de algo que até mesmo se aproximasse de uma democracia perfeita não representou uma barreira à mudança efetiva quando um país estava pronto para ela. No século XIX, o Parlamento Britânico era uma espécie de pacto familiar entre cavalheiros, mas, perto do fim do século, ocorreram mudanças sociais radicais dentro dele — incluindo o amplo direito ao voto, mas que foi expandido de maneira imperfeita. A mudança veio de dentro sob a pressão das circunstâncias. Trollope, com sua típica acidez, descreveu bem o caminho do ativismo liberal e colocou a fórmula na boca de seu político radical, Sr. Monk: "Muitos que antes consideravam quimérica a legislação sobre o assunto agora desejarão que ela seja apenas perigosa ou, talvez, somente difícil. E então, no devido momento, ela passará a ser considerada dentre as coisas possíveis, depois, dentre as prováveis; e assim, por fim, ela figurará na lista daquelas poucas medidas que o país exige como absolutamente necessárias. É dessa maneira que a opinião pública é formada." Se alguém pudesse pôr no papel adequadamente a história do movimento pelo casamento gay nos Estados Unidos, veríamos que é quase um exemplo da ideia de Trollope acerca de como a reforma política ocorre da melhor forma: uma ideia impossível se torna possível; depois, necessária; e, por fim, todos, exceto uma minoria — muitas vezes enérgica —, aceitam sua inevitabilidade. O trabalho daqueles que tentam fazer a mudança acontecer não é forçá-la na pauta do que é necessário, mas levá-la ao domínio do plausível — e, uma vez que algo é plausível, há um impulso natural em direção a se tornar realidade, mesmo em uma sociedade semidemocrática.

Trollope acreditava nesse modelo, porém reconhecia que muito do poder ainda era detido pelo Parlamento Britânico e por uma oligarquia ainda mais limitada que a norte-americana. A partir do outro extremo da sociedade vitoriana, ele explicou a posição liberal de forma incipiente e acertada. Em uma carta a R. Dudley Baxter, um economista inglês, ele escreveu: "Os liberais acreditam

MILHARES DE PEQUENAS SANIDADES

que, para a satisfação das pessoas e o bem do país, as distâncias devem ser reduzidas e gradualmente aniquiladas." *Gradualmente aniquiladas* — é um termo mais forte do que parece. Distâncias podem ser *aniquiladas*, não apenas reduzidas, embora muitas vezes o processo seja lento. O Congresso norte-americano hoje é, e sempre foi, prejudicado pelo poder de grandes quantias de dinheiro e tradições brutalmente antidemocráticas, incluindo a existência de um Senado que dá a minúsculos estados rurais o mesmo poder que a grandes estados urbanos. No entanto, todas as grandes reformas acontecem da mesma maneira — embora não sem conflitos, retrocessos, dificuldades e até violência. Ainda assim, pessoas da classe trabalhadora e mulheres têm direito ao voto, afro-americanos têm direitos civis e existe liberdade de expressão até certo ponto — o "mero" projeto reformista funcionou repetidas vezes.

De forma quase invariável, o que ocorre quando uma reforma radical é alcançada por meios democráticos é que nós não a experienciamos mais como algo radical. O Partido Trabalhista britânico, por exemplo, logo após a Segunda Guerra Mundial, assumiu para si a tarefa de nacionalizar boa parte do que, até então, era livre mercado — entretanto, o fez completamente dentro da estrutura de reforma abertamente debatida que é a marca da tradição liberal. Essa foi, em todos os sentidos, uma reforma radical e liberal, muito embora o segundo aspecto tenha envolvido práticas restritivas de livre mercado. Muitas pessoas — algumas, como Friedrich Hayek, pensadoras sérias e admiráveis sobre o homem e o Estado, encorajadas pela ascensão do totalitarismo a questionar o consenso social-democrático que viam surgindo em torno de si — estavam certas de que isso só poderia marcar o fim de liberdades civis mais amplas. Mas Hayek não poderia estar mais errado, como ele mesmo esteve, enfim, preparado para admitir. As reformas feitas podem ou não ter sido bem-sucedidas. Porém, nenhuma liberdade civil foi nem remotamente ameaçada, embora o método e a maneira como as reformas foram alcançadas as tenham deixado abertas a debates e reformas posteriores, incluindo a do livre mercado. Foi um triunfo do sistema liberal do debate institucionalizado.

Portanto, o ativismo liberal se distingue, histórica e intelectualmente, do ativismo de esquerda. Ambos começam com premissas diferentes e terminam em ordens diferentes. A esquerda nos Estados Unidos, hoje, enxerga o gerrymandering, o lobby corporativo e o financiamento político — a verdade obscena de que mais dinheiro compra mais espaço de fala —, e até a existência do colégio eleitoral, como sinais de um sistema fundamentalmente corrupto que não vale a pena salvar. Os liberais, entretanto, dizem que essas coisas são lamentáveis, difíceis e que precisam o quanto antes ser reformadas, e ainda acham que essa reforma *pode* acontecer, dado o compromisso apaixonado e resoluto com as instituições liberais. Em meados do século XIX, a luta pela emancipação das classes trabalhadoras era o ponto mais alto que a reforma almejava alcançar; não muito tempo depois, no primeiro gabinete do Partido Trabalhista de Clement Attlee, havia sete homens que começaram suas vidas como mineradores de carvão. O ponto em que estamos hoje, em termos de deficits democráticos, à primeira vista, pode não parecer melhor do que há vinte anos, mas nem se compara à situação de cem anos atrás.

Contudo, em vez de apenas enfatizar a ação parlamentar ou governamental por si só — a reforma por meios legislativos e ação executiva, ou mesmo a ação política como o objetivo do liberalis-

MILHARES DE PEQUENAS SANIDADES

mo —, nosso rinoceronte desajeitado, nossa frase liberal, falava de "conversas, manifestações e debates livres", algo muito diferente e, à primeira vista, muito mais escorregadio. Por quê? É óbvio que o liberalismo depende de instituições democráticas: parlamentos na Grã-Bretanha, no Canadá e na Índia, legislaturas e cortes federais e estaduais nos Estados Unidos. A história do liberalismo é, em parte, a história de como essas instituições foram ampliadas pelo sufrágio cada vez mais universal. Mas ele também depende de comunidades e mudanças que ocorrem *fora* de instituições políticas. A verdadeira fonte da reforma muitas vezes está longe de qualquer ação política óbvia. Princípios e condutas mudam a política mais do que a política os muda.

Nenhum casal poderia representar melhor o momento memorável na década de 1860 no qual essa ideia começou a desabrochar em um abrangente curso de ação — uma revolução liberal de ação, pensamento e construção — do que o par no centro de outra grande história de amor liberal da era vitoriana: George Henry Lewes e Mary Ann Evans, a quem conhecemos melhor como a romancista George Eliot. Tão apaixonados quanto e, de certa forma, ainda mais corajosos do que Taylor e Mill, viveram como marido e mulher sem a bênção do clero e representam o liberalismo emergente e com maior potencial prático das décadas de 1850 e 1860, enquanto Taylor e Mill personificavam o idealismo dos anos 1830 e 1840. Lewes era um protegido direto de Mill e, junto com Eliot, ajudou a levar o liberalismo a um diálogo mais profundo com a ciência e os sistemas de maneiras que profetizavam acerca da mentalidade a respeito de comunidades e mudanças, sobre as quais estamos reaprendendo hoje em dia. Taylor e Mill eram liberais de *princípios*; Lewes e Eliot, de *processos*. Taylor e Mill queriam articular novos ideais de progresso; Lewes e Eliot, como darwinistas, queriam compreender como a mudança ocorre em sistemas complexos.

Junto com seus amigos Trollope e Charles Dickens, Eliot foi uma dos três melhores romancistas do período de ouro do romance inglês. (Thackeray, que seria o quarto membro do grupo na época, tendeu ao desaparecimento desde então.) Lewes, embora muito menos conhecido, foi o mais importante, brilhante e, acima de tudo, adorável jornalista liberal de língua inglesa de seu tempo. Ele era um incrível polímato, assim como perito em tudo, desde a microscopia até a vida de Goethe; isso significa, como todo suposto polímato sabe, que, em alguns aspectos, ele era igualmente imperito. Dirigiu o principal jornal liberal de Londres da década de 1850, *The Leader*, que chegou tão perto de resumir o que é o liberalismo quanto é possível para um jornal. Cada edição trazia a mesma epígrafe liberal perfeitamente escolhida — escrita de forma desajeitada, como aprendemos ser uma característica desse tipo de texto — de Wilhem von Humboldt, o mesmo pensador alemão que deu a Mill a ideia de autodesenvolvimento: "A única ideia que a História demonstra estar em eterno desenvolvimento em maior importância é a Ideia de Humanidade — o nobre esforço para derrubar todas as barreiras erguidas entre os homens pelo preconceito e por visões unilaterais e, pondo de lado as distinções entre Religião, País e Cor, para tratar toda a raça Humana como uma só irmandade."

Lewes podia dizer algo inteligente a respeito de qualquer assunto na face da Terra. Escreveu de forma brilhante sobre atores e atuação; entusiasta do palco, talvez tenha sido o primeiro ator de língua inglesa a tentar interpretar um Shylock completamente piedoso. Seus escritos sobre teatro são os melhores em língua inglesa, junto com os de William Hazlitt e George Bernard Shaw. Seu livro sobre atores e atuação até traz o que é a mais concisa e epigráfica descrição da arte de atuar: "A seleção de expressões idealizadas que devem ser, para o espectador, símbolos da emoção real." Ele era o perfeito pensador liberal do século XIX. Ver neste homem imensamente sociável e de mentalidade completamente altruísta — que, sem hesitar, assumiu os filhos do amante da esposa como seus pela paz doméstica — o liberal individualista egoísta dos clichês ortodoxos é não enxergar G. H. Lewes como ele era.

Mas tudo isso seria esquecido se não fosse pelo maior ato da vida de Lewes, que, se não foi de desprestígio, com certeza foi de devoção: ele deu apoio e se tornou mentor e amante de Mary Ann Evans. A história do romance de Lewes e Evans ainda é surpreendente, se considerarmos nossos preconceitos e expectativas em relação ao decoro vitoriano. Quando Lewes começou seu caso com Evans, em 1853, ele já tinha um longo casamento com outra mulher que, bizarramente, vivia de maneira mais ou menos aberta com outro homem — na mesma casa que Lewes, muito parecido com o arranjo de Taylor e Mill. (Esse homem era Thorton Hunt, filho de Leigh Hunt, um grande amigo de Percy Bysshe Shelley e a quem Dickens retratou de forma satírica como Harold Skimpole em *A Casa Soturna*.) As complexidades dessa situação significavam que Lewes, tendo generosamente assumido a paternidade de um filho que não era seu, agora estava impedido de se divorciar por causa disso.

George e Mary Ann se apaixonaram à primeira vista. Ele era feio, ela, sem graça; ele era extrovertido, ela, tímida. No entanto, ela tinha uma coragem calma que seria a gênese de sua vida moral; por exemplo, com apenas 22 anos, Mary Ann anunciou ao pai que não aceitava mais o cristianismo e quase foi expulsa de casa. Apesar de tudo, o casal instantaneamente viu um no outro sua alma gêmea — expressão que usaram — e, com enorme firmeza e autocompaixão, para duas pessoas nem tão despudoradas assim que viviam inseridas nos limites da sociedade londrina, apesar do lado mais boêmio, eles apenas se declararam casados e o mundo que se danasse. Mary Ann escreveu uma carta ao irmão,

Isaac, dizendo que agora era a Sra. Lewes, e ele escreveu de volta, com uma aspereza devastadora, exigindo saber onde a cerimônia ocorrera. Ela respondeu que não houve cerimônia, simplesmente estavam casados.

Lewes era um homem inteligente, porém a coisa mais astuta que fez foi admitir que Evans era muito mais brilhante que ele. O homem reconheceu sua genialidade, insistiu que ela escrevesse ficção e, pouco tempo depois, ela alcançou o sucesso, artístico e comercial, com *Adam Bede*. Evans sempre reconheceu o quanto o incentivo de Lewes foi vital, até adotando o nome George em homenagem ao amado. (Eliot era apenas um complemento puro e simples, ou talvez um trocadilho com as iniciais dele.)

Havia um tipo de diálogo entre as ideias de Lewes a respeito de política e os superiores instintos de Eliot para a arte. Digo instinto, porém, na verdade, dos três maiores romancistas da Inglaterra vitoriana, ela era de longe a mais intelectual. Trollope era um observador prático, astuto e sem limites da vida parlamentar e da política comunitária; Dickens era um ótimo poeta instintivo e criador de mitos, embora muitas vezes tivesse ideias políticas confusas. (Quando os "comitês pela Jamaica" foram formados para protestar contra os maus tratos britânicos contra rebeldes durante a revolta colonial, Dickens ficou do lado dos soldados.) Eliot, com Lewes, era uma verdadeira intelectual, alguém que regia sua vida pelas ideias.

Isso tornava sua visão política específica, mas peculiar. Ela era feminista, mas de um tipo bastante particular. Quando Mill, na época membro do Parlamento, quixotescamente propôs o sufrágio feminino, por incrível que pareça, ela foi *contra*. Não que ela achasse que o sufrágio feminino fosse errado, mas acreditava, em outro sentido, mais presciente de nossas preocupações atuais, que a liberdade política nunca seria o bastante. Se essa liberdade não fosse enraizada na capacidade de mulheres reivindicarem suas vidas privadas para si próprias, elas não seriam livres. A liberdade começa no quarto e na mente. Por essa razão ela era, apesar de toda a sua hesitação ante o sufrágio, uma entusiasta declarada da educação feminina e fez pressão pela criação de uma faculdade para mulheres em Cambridge.

A crença de que a liberdade começa no quarto, de que as mulheres precisam se sentir livres em casa antes de poderem ser livres no mundo, foi uma das lições do casamento de Doroteia com o Sr. Casaubon em *Middlemarch*: de início um homem impressionante, mas que logo se torna um pedante infantil preocupado em escrever seu simplório livro, "Chave para Todas as Mitologias". A escravidão doméstica de Doroteia em relação a uma mente inferior representa a escravidão de todas as mulheres em relação a um lugar politicamente menor. É uma extensão da observação de Harriet Taylor acerca do pequeno ditador na mesa de jantar, com o acréscimo da verdade de que mulheres demais escolhem seu próprio ditador a partir de paixões equivocadas, escolha da qual se arrependem pelo resto da vida. (Muitos associavam Lewes a Casaubon; segundo Eliot, erroneamente. O problema de seu marido era o oposto de Casaubon: não era a incapacidade de terminar, mas de manter o foco.)

Lewes começou como um clássico liberal positivista, sob a influência direta de Mill. Ele acreditava na reforma como uma série de medidas legislativas. No entanto, sob a pressão de seu eterno diálogo com a esposa, ele foi mais fundo. Juntos, os dois começaram a abraçar o liberalismo darwiniano, que instintivamente incluía noções a respeito da ancoragem do liberalismo em pequenas mudanças, que levariam ainda outro século para se sistematizarem.

Suas ideias — de que a liberdade formal não basta, de que o privado é político, de que mudanças feitas em muitas vidas ordinárias podem se tornar terreno para a emancipação genuína —

O Manifesto do Rinoceronte: O que É Liberalismo?

podem seguir um caminho internalizado ou externalizado. Umas das coisas que tornam *Middlemarch* um ótimo livro é que Doroteia, a heroína, aprende a identificar sua aparente ascensão intelectual a partir de sua escravidão a Casaubon, o marido errado, antes de se ver em uma relação mais honesta e "horizontal" com um companheiro melhor e de mentalidade reformista, Ladislaw (um tipo de Lewes mais temperamental e provinciano). Ela permanece amarrada, mas não acorrentada, ao seu papel doméstico.

A influência de Eliot sobre Lewes era tão grande quanto a dele sobre ela. Todas as coisas que tradicionalmente se espera que uma esposa solícita faça por um marido criativo, ele fez por ela. Ele a protegia de críticas maldosas, lia seus primeiros rascunhos e passava madrugadas ouvindo suas cartas para editores e críticos incompreensivos. Ele era o vento que soprava sob suas asas, a potência por trás de sua força. Porém, juntos, eles entraram em um novo tipo particular de empirismo: em uma frase adorável, ela disse que queria "escapar de todas as incertezas e imprecisões rumo à aurora de distintas ideias vívidas". Lewes abandonou seu liberalismo fanfarrão, jornalístico, polêmico e egoísta inicial e se tornou um liberal pacientemente empírico. Estava determinado a ver as coisas como de fato eram a fim de melhorá-las. Via que a ciência não se desenvolvia a partir do acúmulo de fatos, mas da disposição de ser surpreendido. "Precisamos esclarecer que, ao fazer uma pergunta à Natureza, devemos ouvir sua resposta com paciência; se essa resposta nos deixar perplexos, precisamos reformular a pergunta e fazê-la mais uma vez; e se a mesma resposta for obtida diversas vezes, precisamos aceitá-la, mesmo que destrua nossas teorias e expectativas."

Ele também se deu conta, com bastante cautela, das origens comuns da arte, da escrita de romances e das ciências, em particular a biologia, em elucubrações que iam além dos fatos disponíveis, o que só se tornaria trivial um século depois. E, como consequência, sua nova forma de liberalismo se tornou um novo modelo: a última parte de sua carreira também foi comprometida com a reforma, mas foi motivada por particularidades constatadas.

Alguém uma vez pontuou, de forma um pouco pretensiosa, mas não errônea, que, entre si, Lewes e Eliot definiram o liberalismo do *oikos*, palavra grega para lar, enquanto Trollope representa o liberalismo da *polis*, da cidade. Lewes e Eliot tinham mais consciência de nossas próprias preocupações: a reforma tinha que passar pela sala de estar antes de chegar ao Parlamento. O desejo de se aprofundar em uma sociedade ou em um sistema físico para ver o que a fazia funcionar fez o casal se perceber, na década de 1860, envolvido em um liberalismo menos extravagante e mais estrutural do que o da geração de Taylor e Mill.

O que quero dizer ao afirmar que Lewes e Eliot representavam "liberais do processo" talvez fique mais tangível — e até fedorento — se pensarmos em uma das maiores reformas liberais de seu tempo: a criação do sistema de esgoto de Londres. Por um século, a cidade foi tomada pelo "miasma do esgoto não tratado", algo que era corretamente visto como uma ameaça à saúde pública, embora de forma errônea: nos anos anteriores à compreensão completa de teorias de que as doenças eram causadas por bactérias, acreditava-se que elas entravam em nossos corpos por meio de algum tipo de nuvem maligna. O trabalho de criar um sistema de esgoto mais seguro exigiu duas gerações e muitos esforços. Lewes foi um observador próximo do processo. Ele era amigo íntimo de F. O. Ward, "o homem do esgoto" e jornalista de questões sanitárias do jornal *London Times* que chegou até a inventar um novo tipo de banheiro. (Ele estudou de perto o sistema de esgoto de Bruxelas para descobrir o modelo correto, e houve um debate intenso sobre misturar dejetos e água da chuva.) O novo sistema foi finalmente adotado como resultado do Grande Fedor de 1858. Sua construção levou muito tempo para ser finalizada, mas salvou

— pela proteção direta contra a cólera em Londres e pelo exemplo indireto para outras cidades — centenas de milhares e, em longo prazo, talvez milhões de vidas. Refazer o sistema de esgoto de Londres exigiu um processo de reforma bem pensado — não apenas com bons princípios, mas com evidências, argumentos e planejamento, tudo desdobrando-se não em um momento eureca no Parlamento, mas ao longo de décadas de esforços furtivos. O princípio de bem-estar público e o processo de obras públicas se tornaram uma coisa só.

É isso que queremos dizer com "liberais de processo". Que, quando a geração de Mill estava obcecada pelo modo que os indivíduos devem ser libertos de preconceitos comuns, a geração de Lewes se preocupava, de forma darwiniana, com o modo como eles mudam conforme seu ambiente se altera. O *processo* complexo de construir saneamento público era inseparável do *princípio* abstrato de bem-estar público. As pessoas produziam canos e os canos tornavam as pessoas melhores. O sistema de esgoto representava a sanidade.

Entretanto, para Lewes, nem tudo era sistema de esgoto e apoio moral. Ele também foi o primeiro a usar um termo, e descobrir um conceito, que permanece como uma das principais armas analíticas do arsenal liberal. Foi a ideia de "emergência" — o grande solvente de todos os determinismos. Essa foi a descoberta de que as regras de um sistema podem ser completamente diferentes das regras dos elementos que o formam. O hidrogênio e o oxigênio formam a água, mas a água não se parece com nenhum dos dois. Sozinhos, os átomos formam moléculas, mas as leis da termodinâmica são completamente diferentes das leis da eletrodinâmica quântica. Sistemas são formados por suas partes, mas essas partes não são o sistema. Como Lewes escreveu: "A emergência é diferente de seus componentes na medida em que são incomensuráveis e não podem ser reduzidos à sua soma ou à sua diferença."

MILHARES DE PEQUENAS SANIDADES

De certa forma, a ideia de Lewes era simplesmente uma afirmação mais abrangente do mesmo princípio que Hume e Smith apresentaram: ambos consideravam que os atos de compra e venda poderiam decorrer tanto a partir da simpatia quanto da ganância e acabar em um lugar maior que uma loja — que poderiam ajudar a formar uma cidade. O mercado, como qualquer outro sistema, tem propriedades emergentes características e cria estruturas que nunca planejou. Em Greenwich Village, nos anos 1950, pequenos comerciantes, chaveiros, padeiros e sapateiros — que existem apenas para vender bens e serviços — se transformaram em uma rede, exercendo as funções civis de conectar, proteger, observar e comungar. Esse encantador "balé das ruas" era algo que a grande urbanista Jane Jacobs adorava celebrar; é um exemplo de sistema emergente, bem diante de nós. (E, obviamente, o sistema pode se virar contra nós e produzir uma monocultura de filiais de bancos e cadeias de farmácias que destrói, e robotiza, o balé original.)

Sistemas autocráticos e autoritários de todas as estirpes querem reduzir tudo às suas partes: não passamos da raça, da classe ou da espécie que nos originou. Lewes dizia que os sistemas em que vivemos podem se tornar muito diferentes dos elementos com os quais começaram, ainda que nenhum elemento nesse sistema deseje isso ou mesmo altere sua natureza. O sistema que emerge é mais importante do que os elementos originalmente envolvidos. As origens de nossos sistemas, e de nossas ideias, são menos importantes do que as ideias em si. Donos de escravos podem escrever documentos que carregam em si a necessidade da aniquilação da escravidão.

Eliot defendia as mesmas coisas em seus livros, que, com frequência, traziam discussões sobre como elementos originais — um judeu britânico ou uma mulher solitária — podem se tornar mais do que acreditavam ser capazes ao mergulhar em um novo sistema. O crítico literário Phillip Davis traçou brilhantemente as formas como as ideias de Lewes acerca da emergência, as quais Eliot muitas vezes editou e melhorou, estão presentes em sua ficção como padrões permanentes do comportamento humano: "O processo microscópico de Lewes transportado ao estudo de seres humanos." Eliot compreendeu e estudou as formas como as infinitas minúcias da vida social são a verdadeira base de nosso comportamento; e as lentas, mas determinadas, transições entre papéis sociais — de menina para esposa, de esposa para mãe, de esposa e mãe para mulher liberta —, a verdade de nossa existência. A lição que os dois coescreveram é que *todos* os comportamentos são emergentes.

Em todos os romances de Eliot, e particularmente em *Middlemarch*, os papéis sociais atribuídos às pessoas se mostram mutáveis — nunca são um destino fatalista, como em Thomas Hardy, e são passíveis de mudança sem se apegar à ideia romântica de rebelião escancarada. Em oposição à encantadora e perfeitamente marcada série de tiques e maneirismos de Dickens, Eliot observa as pessoas mudarem, de um ano para o outro, e até de uma semana para a outra. Doroteia e Casaubon descobrem em questão de dias que seu casamento não é a comunhão de mentes que ela, no mínimo, imaginou, mas uma escravidão da estupidez. Em *Adam Bede*, Arthur Donnithorne torna-se um mentiroso não em razão de algum trauma pessoal, mas ao seguir a lógica de suas ações. "Há uma terrível coerção em nossos atos, que talvez primeiro transformem um homem honesto em um farsante e depois o reconciliem com a mudança, por esta razão — o segundo erro se apresenta a ele sob o pretexto da única coisa certa viável." Na ficção de Eliot, as ações são sempre emergentes, e não resultantes, e dependem de processos lentos que repentinamente fazem pessoas se lançarem em circunstâncias novas e despercebidas. Como escreveu em *Middlemarch*, ela queria "penetrar a obscuridade daqueles processos de minutos que preparam o sofrimento e a alegria humanos, aquelas passagens invisíveis que são os primeiros locais de emboscada da angústia, da obsessão e do crime, aquele delicado equilíbrio e transição que determinam o crescimento de uma consciência feliz ou infeliz". A complexidade imprevisível de causas estava clara para Eliot em seus romances — assim como a eterna possibilidade de mudança.

Lewes morreu de enterite — embora talvez tenha sido câncer no cólon — em 1878 e, em uma ironia perfeita em relação à história do casal, um pouco menos de dois anos depois, Mary Ann se casou com John Cross, um admirador vinte anos mais jovem, em um casamento e uma igreja respeitáveis. Muitas pessoas ficaram escandalizadas com a rapidez desse segundo casamento, assim como ficaram com o improviso do primeiro. Mas ela insistia, e todas as evidências sugerem o mesmo, que era isso que Lewes gostaria que acontecesse. Infelizmente, esse segundo casamento durou apenas sete meses. Ela morreu de doença renal em 22 de dezembro de 1880 e, como Harriet Taylor, foi enterrada próxima à sua primeira alma gêmea. Ele a incentivara. Ele lhe ensinara, de forma liberal — eles ensinaram um ao outro — a aproveitar o dia, a não ter medo da opinião pública, a encontrar no amor, e não apenas na paixão, a melhor sensação que existe, a sensação redentora do momento íntimo, a vida vista à luz do dia do que é distinto.

As "passagens invisíveis" de George Eliot, os rastros soterrados da emoção comum, continuam sendo os caminhos da reforma liberal. A razão pela qual os liberais têm confiança de que a reforma pode acontecer é porque sabem, instintiva e empiricamente, que muito desse trabalho é feito, em grande parte, antes de a política acontecer. Uma das coisas que genuinamente aprendemos é que a existência de passagens invisíveis de arenas voluntárias, não planejadas e privadas de discussão e debate é uma precondição essencial para sociedades liberais. Mais uma vez, o humanismo precede o liberalismo.

Dois pensadores contemporâneos ajudaram a sistematizar e renovar esse raciocínio, embora nem sempre pensemos neles como filósofos liberais: o cientista político Robert Putnam, de Harvard, e o filósofo alemão Jürgen Habermas. Putnam ficou famoso na década de 1990 com seu livro *Jogando Boliche Sozinho: Colapso e ressurgimento da coletividade americana*, que foi entendido, não de forma totalmente errônea, como um apelo contra a desapegada vida coletiva norte-americana na era dos automóveis e dos shoppings. Mas a importância e o valor reais de seu trabalho estão em seus estudos acerca do que faz as democracias acontecerem — sendo o mais famoso sua análise do governo descentralizado "delegado" na Itália. Ele passou anos estudando o que aconteceu quando o poderoso governo central da Itália em Roma se democratizou e ofereceu poder local.

O que torna um governo local democrático mais ou menos satisfatório, mais ou menos honesto, mais ou menos eficiente? O que Putnam descobriu é que instituições intermediárias — que fazem a intermediação entre indivíduos e o Estado — faziam uma diferença crucial. Em bom português, ou, pelo menos, em italiano traduzido: se houvesse muitos grupos amadores de ópera por perto, era muito mais provável que instituições democráticas florescessem e funcionassem melhor. No Norte da Itália, onde os cidadãos participam ativamente de clubes de esporte, associações literárias, grupos de serviços e corais, os governos regionais são, nas palavras de Putnam: "eficientes nas operações internas, criativos nas iniciativas políticas e eficientes em implementar tais iniciativas." No Sul, por outro lado, onde os padrões de envolvimento cívico são bem mais fracos, os governos regionais tendem a ser corruptos e ineficientes.

Putnam usou o termo *capital social* para caracterizar a relação entre "redes fortes de participação cidadã e desempenho institucional positivo". Carles Boix e Daniel Posner definiram esse termo, em sua análise do livro *Comunidade e Democracia: A experiência da Itália moderna*, de Putnam, como "as redes, normas de reciprocidade e confiança que são nutridas entre os membros de associações comunitárias pela virtude de sua experiência de interação e cooperação sociais". A mera proximidade conta muito. Aprender a viver e trabalhar em paz com outras pessoas com quem não compartilhamos genes ou crenças é a base da liberdade moderna.

Instituições liberais, incluindo liberdade de crença, permitem o acúmulo de capital social, mesmo em tempos de frustração política. A igreja da comunidade negra no Sul dos Estados Unidos foi um repositório crucial e de longa data de capital social para o movimento pelos direitos civis. De fato, não seria equivocado afirmar que essas igrejas, ao longo de quase um século de terror imposto pelo apartheid no Sul, estavam acumulando capital social suficiente — redes de alianças, ideias e solidariedade mútuas, além da admiração geral até daqueles de fora; ninguém podia fingir que os pastores negros não eram pessoas admiráveis —, até que, por fim, conseguiram "capitalizá-lo" na forma de um movimento por uma mudança social radical.

Jürgen Habermas é o filósofo alemão que antecipou o raciocínio de Putnam ao falar sobre o que chamou de "primazia da esfera pública" — tanto historicamente, na evolução das instituições liberais, quanto, por extensão, na prática, ao indagar sobre o que as faz funcionar hoje. Ele argumentou que os cafés e salões dos séculos XVII e XVIII ajudaram a estabelecer a base do Iluminismo liberal — o caminho cafeinado de uma sociedade de clãs para uma sociedade cosmopolita. A democracia não era feita nas ruas, mas entre xícaras e pires. Ele mostrou não apenas que clubes e ca-

O MANIFESTO DO RINOCERONTE: O QUE É LIBERALISMO?

fés precedem o parlamento, mas que o parlamento tem tanta força quanto os cafés ao seu lado. (Não se trata apenas de *un mot*, ou uma palavra. Todos em Paris ainda conhecem e podem indicar os cafés onde os membros da Assembleia Nacional vão antes das sessões e entre elas — onde o verdadeiro trabalho é feito.) Quando espaços sociais começam a ser criados fora do controle direto do Estado (incluindo os comerciais, que funcionam pelo lucro), a sociedade civil pode começar a florescer de maneiras inesperadas. Aprender a bebericar um café ao lado de um estranho produz um tipo de pluralismo potável.

A presença dessa esfera pública não é óbvia? Bem — para usar uma resposta essencialmente liberal —, sim e não. Pensadores só fazem sentido se conseguirmos entender sua situação-problema em particular, e Habermas foi exposto a uma situação extremamente delicada. Seu pai era simpatizante do nazismo, e ele cresceu na catástrofe da guerra. Frequentou a Escola de Frankfurt e achou a análise marxista da instituição intrigante, mas, em última análise, determinista demais. Havia uma maneira de pensar sobre comunicação racional entre pessoas que não dependesse de acreditar que o próprio universo era racional ou que as pessoas, de alguma forma, sempre o foram? A resposta de Habermas foi que o mundo talvez não seja sensato, e que as pessoas com certeza não o são, mas que os espaços públicos poderiam ajudá-las a se tornar sensatas. Habermas nos diz que a "esfera pública... que faz a mediação entre a sociedade e o Estado" é o lugar "em que o público se organiza como portador da opinião pública". Com o tom um pouco alemão, o que ele quer dizer é simplesmente que o que Putnam demonstrou ocorrer na Itália de hoje também ocorria na Europa do século XVIII. Redes de desenvolvimento social apareceram nas cidades — nos teatros, nos museus, nas salas de reunião, nas óperas —, e esses centros de sociabilidade se tornaram a origem da mudança. O sociólogo norte-americano Howie Becker chegou a uma conclusão parecida nos anos 1940. Ele chegou ao que chamou de teoria dos mundos sociais de "créditos longos" em homenagem aos créditos intermináveis que aparecem no fim dos filmes, alguns dos quais se tornaram clássicos. Todas aquelas pessoas fizeram *O Mágico de Oz* ou *Cantando na Chuva*. Ninguém precisa ser um gênio, um visionário ou mesmo um grande artista para que o resultado seja permanente e transcenda gerações. Da mesma forma, os clubes que formamos são coletivamente mais inteligentes do que as pessoas que somos. A razão, como os musicais, emerge do encontro de várias mentes.

O termo mais poético para descrever a esfera pública ou o capital social vem de Frederick Law Olmsted, que projetou o Central Park. Embora seja mais famoso hoje como um tipo de pastor urbano, Olmsted foi um dos primeiros grandes jornalistas dos Estados Unidos cujas séries de reportagem sobre a escravidão no Sul pré- -Guerra Civil constituíram um dos primeiros sucessos que o *New York Times* (na época, *New York Daily Times*) já publicou. Ao comparar os estados do Sul com os do Norte, Olmsted viu que, considerando toda a sua cultura autoproclamada, o Sul representava uma sociedade paralisada e inerte, enquanto o Norte era repleto de atividades: "nossos rapazes... são membros e administradores de salas de leitura, bibliotecas públicas, ginásios, clubes de jogos, náuticos, esportivos e de todos os tipos, de grupo de estudo da Bíblia, sociedades de debate, companhias militares; eles estão plantando árvores às margens de estradas, represando riachos para criar pistas de patinação, instalando trampolins de mergulho, aprontando demonstrações de fogos de artifício ou espetáculos teatrais privados; estão sempre fazendo alguma coisa." Essa era a ideia de Putnam 150 anos antes. Olmsted até deu a essa orgia de sociabilidade um belo nome: civilização corriqueira.

De várias formas, essa é a compreensão cumulativa do liberalismo. Ela passa pela compaixão, pela simpatia, pela comunidade, por estados emergentes e por um café decente. É possível até reunir todos esses termos em uma única equação progressiva: o capital social formado por pequenas comunidades produz a esfera pública, cujos debates criam nossa civilização corriqueira. Elas limpam o terreno ou o campo no qual sociedades liberais podem crescer. É fácil esquecer que essas crenças no capital social e na civilização corriqueira estiveram no cerne do pensamento liberal desde sua origem moderna mais remota, mas esse ponto é essencial.

Tudo bem, eu ouço você, Olivia. Eu entendo. Montaigne era um cara gentil; simpatia social é uma coisa positiva, cafés são importantes — é por isso que eu faço todo o meu trabalho no Starbucks —; e obviamente os Lewes pareciam ser um ótimo casal. Mas o que isso tem a ver com nossa vida agora? O que enfrentamos hoje é muito mais insidioso e abrangente. Você não acha que todo aquele incrementalismo liberal ainda pode funcionar em face da crueldade sancionada pelo Estado que testemunhamos atualmente, acha?

Se todas essas reflexões sobre simpatia comum e esfera pública, sobre estudar sistemas e mudar pequenas ordens parecem abstratas demais, enraizadas demais em coisas e pessoas que existiam nos séculos XVIII e XIX, deixe-me tentar mostrar sua relevância em relação ao desdobramento público mais surpreendente e menos falado de todos no último meio século nos Estados Unidos: a enorme queda da criminalidade.

Crimes violentos, que foram uma praga que moldou — e deformou — o debate público no país por décadas, começaram a diminuir de forma repentina e abrupta no início dos anos 1990 e continuam caindo desde então, remodelando a ordem civil. Como

MILHARES DE PEQUENAS SANIDADES

escreveu o sociólogo Patrick Sharkey, só na cidade de Nova York, onde "havia mais de 2 mil assassinatos por ano, esse número caiu para 328 em 2014, o mais baixo desde a primeira metade do século XX". (E ele continua a cair todos os anos.) Isso não ocorre apenas em Nova York. Crimes violentos diminuíram em Atlanta, Dallas, Los Angeles e Washington, e muito. Mais importante, a qualidade de vida mudou drasticamente, em particular para os mais vulneráveis. Em Cleveland, na década de 1980, o nível de violência em bairros pobres era cerca de 70% maior em comparação ao restante da cidade; em 2010, esse número havia caído para 24%. As cidades do interior foram revitalizadas, de uma ponta a outra do país. É a mudança mais espantosa na vida urbana do século.

Entretanto, pela regra comum de que vemos notícias ruins com mais clareza do que as boas, esse milagre passou despercebido em grande parte. Em vez disso, ironicamente, os resultados da menor criminalidade, em particular a repopulação das cidades por pessoas abastadas, são vistos agora como novos problemas sociais. (Os liberais sabem que, quando um problema social é resolvido, o que vemos com mais frequência é o *novo* problema social que aquela solução criou.) As causas desse milagre, porém, refletem o raciocínio de todos aqueles romancistas, ensaístas, sociólogos, filósofos e historiadores a respeito de como o liberalismo de comunidades e valores compartilhados pode resgatar a si mesmo quando entra em crise. Costumava-se defender o argumento de que o encarceramento em massa teve um papel na queda da criminalidade ao remover da sociedade todos aqueles que cometiam atos violentos. Mas qualquer estudo minucioso dos fatos mostra que esse papel foi, no máximo, muito pequeno e, de qualquer maneira, conforme o encarceramento diminui, a criminalidade continua caindo. A alegação de que abordagens e revistas agressivas, especialmente de minorias, foi responsável por essa diminuição também já foi refutada; a prática, longe de ser aplicada uniformemente em todos os casos, foi restringida, e a criminalidade continua despencando.

Atualmente, sociólogos defendem o argumento irrefutável de que o policiamento comunitário, em conjunto com a ação comunitária, é o real mecanismo por trás da queda da criminalidade. Grupos comunitários (neste caso, os cafés habermasianos) começaram a vigiar seus próprios bairros, e a polícia ficou mais ciente dos pontos de pressão das comunidades, impedindo crimes antes que ocorressem nos lugares onde eram comuns e usando dados preditivos de forma mais eficiente. A ação da polícia que *realmente* importava era chegar à cena do crime antes que ele acontecesse. Acima de tudo, como Sharkey afirmou: "[A queda da criminalidade] ocorreu porque os espaços da cidade se transformaram. Depois de anos do amplo abandono de bairros urbanos, deixados à própria sorte, vários atores diferentes se uniram e [os] transformaram."

Logo, a primazia da esfera pública não é apenas uma abstração de um filósofo alemão sonhando com cafés franceses; foi isso que acabou com a criminalidade no South Bronx. O poder dos sistemas emergentes, dos círculos positivos de mudança, não é apenas um conceito do século XIX, é a mais pura verdade. A mudança nos bairros do South Bronx não aconteceu em um passe de mágica: o mundo em torno deles mudou, e esses bairros mudaram junto. Acontece que a ordem social do South Bronx não poderia ser reduzia a elementos fixos e imutáveis que precisavam ser profundamente alterados ou abandonados. Conservadores, e também esquerdistas, insistiam que só poderíamos esperar afetar os crimes violentos se ocorressem mudanças fundamentais e de base. Era preciso recuperar a "família negra disfuncional" ou acabar com a desigualdade.

Mas não é verdade. À medida que as pessoas fizeram pequenas mudanças incrementais em seus bairros, círculos virtuosos de simpatia emergiram — pelo fato de o metrô parecer mais seguro, mais

MILHARES DE PEQUENAS SANIDADES

pessoas o utilizavam, tornando-o ainda mais seguro — e todo o sistema social mudou. Os crimes violentos, contra todas as expectativas, efetivamente desapareceram, conforme um sistema social de ordem surgiu ao seu redor. O liberalismo de processo funcionou.

Como qualquer termo cativante, *capital social*, *esfera pública* e mesmo *civilização corriqueira* correm o risco de se tornarem meramente genéricos. Muito tempo pode ser desperdiçado criticando-os como fugas insípidas do conflito político real. Afinal, a diferença entre o Norte e o Sul da Itália não se resume a cantores amadores de ópera versus homens soturnos e suspeitos sob o feitiço da *omertà*, um código de honra da máfia. As diferenças na possibilidade econômica, na agricultura feudal, na criminalidade e na industrialização têm seu papel. Da mesma forma, o Norte dos Estados Unidos não venceu a Guerra Civil apenas, ou até principalmente, porque as cidades da região tinham mais shows de fogos de artifício. O Norte venceu porque transformou os fogos de artifício em pólvora e a utilizou em armas, construiu trens e contratou generais determinados a usá-las em extermínios em massa indiscriminados.

Mas termos genéricos chamam a atenção de alguma forma, e eu não acho que haja dúvidas de que esses chamam bastante. O humanismo precede o liberalismo. A conexão vem antes da ação. A disposição para o autoexame precede o esforço do autodesenvolvimento e a confiança em nossos vizinhos precede a fé na cidadania. Pensar na ordem ou no futuro liberal em termos de leis e legislaturas é limitante demais. Arquitetos de parques, sociólogos e outras pessoas têm mais a nos dizer a respeito de construir sociedades abertas.

A ideia liberal de comunidade difere da noção tradicional. Onde conservadores acreditam na renovação da comunidade tradicional, liberais acreditam também no movimento *a partir* da família e da tradição para novos tipos de ordem comunitária, razão pela qual comunidades utópicas e, além delas, bairros boêmios tiveram um papel tão importante na história liberal. (É impossível pensar no liberalismo norte-americano sem pensar em Greewich Village.) A ideia conservadora de comunidade é uma forma de preservar a tradição; já a noção liberal deseja reunir confiança e energias para reformar. Construir capital social, ou uma sociedade civil, é uma maneira de exercer autogoverno fora do governo, e não apenas de reafirmar valores familiares. Pelo contrário, em geral, ele defende valores revolucionários: a possibilidade da abolição, do pensamento livre, do feminismo ou, no capital social da igreja da comunidade negra, direitos igualitários.

E embora os liberais aceitem que a conduta cria princípios, eles devem se indignar quando até conservadores de mentalidade mais constitucional apontam a conduta como se ela, sozinha, fosse o suficiente para empreender movimentos sociais. O movimento pelos direitos civis com certeza surgiu do capital social da igreja negra, mas transformou esse capital em leis. A queda da criminalidade certamente esteve enraizada na recuperação de bairros, quarteirão por quarteirão, mas esse empreendimento cívico precisou ser reforçado por políticas da cidade. A crença na importância da comunidade, da família e de pequenas medidas não vale nada se for apenas para criar uma zona de conforto. Olmsted, crendo que a escravidão prejudicava a civilização corriqueira, achava que essa era uma das razões pelas quais ela tinha que acabar. A civilização corriqueira precisa ser a catapulta para o ativismo, e não um refúgio dele.

Voltemos à nossa desajeitada frase liberal. Por que "manifestação" e por que "majoritariamente livre"? É claro, uso *manifestação* no sentido mais amplo — ações sociais não violentas que levem a conversa dos cafés para as ruas. Em nossos dias, isso inclui alvoroços em mídias sociais, vídeos de protesto no YouTube e, às vezes, programação noturna da TV a cabo.

No entanto, também uso manifestação no sentido literal que se difundiu na década de 1960 e que segue até hoje: um grande número de pessoas tomando as ruas em protestos não violentos para mostrar a intensidade de seu desejo de reforma. Manifestações podem parecer fracas e ultrapassadas. Qualquer liberal exausto que já participou de muitas dessas marchas terá dúvidas a respeito de sua eficácia; mas, verdade seja dita, manifestações têm sido meios muito eficientes de transformar um debate em projeto político, seja a Marcha Cartista na Grã-Bretanha nos anos 1830, seja a Marcha sobre Washington por Trabalho e Liberdade em 1963.

E, de fato, pensar no poder das manifestações públicas me faz querer apresentar-lhe um último liberal, ainda insuficientemente valorizado, alguém que encarna todas as virtudes liberais *como* ação *na* prática. Esse liberal é Bayard Rustin, o homem que enumerou esses três passos de dança cruciais. Rustin era gay e tão aberto sobre isso quanto era possível no período imediatamente pós-guerra. Ele caminhava em uma corda bamba: negro e gay, socialista e liberal, comprometido com a não violência e com a diversidade de coalizões em uma época em que a raiva da comunidade negra impulsionava muitos daqueles mais próximos a ele em direção a uma forma própria de nacionalismo racial. Ele foi preso mais de 25 vezes e permaneceu altivo em todas elas, o que deixava seus perseguidores ainda mais enfurecidos. Foi preso por ativismo pelos direitos civis e recebeu pelo menos uma acusação de atentado ao pudor, que lhe custou sessenta dias em uma prisão no Condado de Los Angeles e chocou seus aliados do lado progressista, que viam a homossexualidade como um "martírio", na pior das hipóteses, e um "problema", na melhor — muito parecido com a visão de seus inimigos.

O Manifesto do Rinoceronte: O que é Liberalismo?

Nascido na Pensilvânia e criado por uma avó quakerista, ele finalmente se transformou em um modelo de estilo gay na cidade de Nova York. (Ele era um comprador obsessivo de coisas bonitas em mercados de pulgas, o que me faz gostar muito dele.) Na juventude, Bayard se convertera à não violência gandhiana, e poucos seguidores eram mais devotos dessa prática ética hiperexigente. Ele foi mandado para a prisão nos anos 1940 por ser contra o recrutamento militar, e, embora seja possível questionar seu julgamento no caso da guerra contra os nazistas, ninguém pode questionar sua coragem. Ele suportou os piores tipos de privações em encarceramentos brutais — como faria várias vezes em sua vida — não apenas com estoicismo, mas com enorme humanidade. Não é possível encontrar muitos documentos tão comoventes na literatura norte-americana quanto as cartas que ele escreveu para guardas e até para "líderes de gangues". Em certo ponto, foi preso por participar de um confronto pelos direitos civis e acorrentado junto a outros presos, mas ainda foi capaz de reconhecer a humanidade dos guardas e, assim, por meio de cartas, insistiu que eles também o tratassem com humanidade. (Essas cartas foram mais bem-sucedidas do que se pode imaginar.)

Rustin se tornou pupilo de A. Philip Randolph — o fundador da primeira união afro-americana forte, a Brotherhood of Sleeping Cars Porters, e pioneiro entre a primeira geração de líderes pelos direitos civis — em uma época em que o racismo e o apartheid ainda eram aceitos sem críticas até pelos norte-americanos bem-intencionados. E assim a luta por justiça econômica, junto com a racial, se tornou fundamental para Rustin, assim como a necessidade absoluta de coalizão e compromisso. Ele era um sindicalista tanto por razões práticas (os sindicatos ainda eram a base das políticas liberais de então) quanto éticas (ele aprendera a lição dos organizadores de sindicatos de que políticas étnicas sempre tinham que estar atreladas às econômicas). Ele sempre fora muito lúcido, de formas que nem todos ao seu redor eram, a respeito da aritmética básica da luta norte-americana por direitos civis, compreendendo que, com os afro-americanos constituindo menos de 10% da população do país, o movimento só daria certo com aliados brancos.

Ele foi apresentado a Martin Luther King Jr. nos anos 1950, e não é exagero dizer que Rustin ensinou a King os rudimentos e depois as regras do protesto e da resistência não violentos que impulsionariam a luta pelos direitos civis. King era um surpreendente tipo de prodígio dos protestos; ele organizara o boicote de Montgomery de forma mais ou menos instintiva e fora empurrado para uma posição de liderança devido a seus talentos como orador. Entretanto, como muitos outros oradores e líderes, teve que improvisar sua própria ideologia, ouvindo o que ele e outras pessoas diziam.

King rompeu com Rustin no início da década de 1960 da pior maneira possível. Adam Clayton Powell — um congressista do Harlem não muito admirável, mas incrivelmente poderoso — ameaçou King, em um complicado jogo de poder, de revelar que ele e Rustin eram amantes. Isso era um completo absurdo (Rustin não era o tipo de fruta de que King gostava), mas o deixou atemorizado, pois a acusação de homossexualidade era muito grave na época — e a imputação dupla de comuna e gay, dirigida a Rustin, era vista como desqualificante. (Walter Jenkins, braço direito do ex-presidente Lyndon B. Johnson, teve sua carreira arruinada após ser flagrado em um YMCA com outro homem.) Stanley Levison, o ex-comunista que Rustin apresentara a King, zombou dizendo que Rustin era "mais bem qualificado para liderar um movimento homossexual do que um movimento pelos direitos civis" — soa profético agora, mas foi muito pejorativo na época. Isso levou King a expulsar Rustin do movimento de forma cruel. Ele ficou deprimido e devastado com o rompimento. Porém, alguns anos depois, conforme a ideia de uma grande marcha sobre Washington começou a se formar, Rustin foi o único considerado competente para liderá-la. Inicialmente relutante, com a insistência de Randolph e, depois, cada vez mais de bom grado, ele organizou o movimento.

Quando as pessoas dizem que Rustin foi o cérebro por trás da Marcha sobre Washington de 1963 (o Dr. King basicamente apareceu para discursar no lugar que Rustin havia lhe designado), o que querem dizer pode parecer confuso. Ele a *idealizou*? Não, ele a *organizou*. Ele trabalhou noite e dia com uma equipe de jovens na rua West 130th para fazer a marcha acontecer. O processo foi exaustivamente meticuloso. O Dr. King, como Rustin uma vez afirmou de forma memorável, "não tinha a habilidade para organizar vampiros rumo a um banho de sangue". Visto que o progressismo norte-americano, junto com o conservadorismo francês, é a mais divisiva de todas as doutrinas, com ressentimentos permanentes governando todos de uma vez e novas divisões surgindo a cada minuto, Rustin teve que exercer uma enorme pressão para deixar todos em sintonia. "Planejamos com precisão o número de banheiros necessários para 250 mil pessoas, quantos cobertores... médicos, postos de primeiros socorros, o que as pessoas levariam consigo para comer no almoço. Planejamos de forma que todos chegassem a Washington na noite anterior e fossem embora no escurecer do dia da marcha."

Depois da marcha, sua homossexualidade, sua recusa a reduzir a luta pelos direitos civis a uma causa étnica ou racial e sua compreensão de que o que ele chamava de política de confronto era o ópio da esquerda autoiludida — ele acreditava que o slogan "black power" era limitante e autodestrutivo — o marginalizaram, mas de forma positiva, como um tipo de ministro sem pasta para a esquerda. Ele se envolveu com o Partido Democrata, muito parecido com Frederick Douglass, que permaneceu envolvido com a ala esquerdista do antigo Partido Republicano, criando impaciência entre a geração seguinte, que achava que ele estava velho demais para continuar "mandando bem".

Embora fosse um apóstolo da reforma social igualitária, Rustin, por fim, também se tornou ávido pela última parte de nossa frase rinoliberal: a necessidade de uma tolerância ainda maior das diferenças humanas. No início, ele parece ter sentido que impor sua identidade gay tão abertamente atrapalharia a causa comum dos direitos civis. Em seus últimos anos, aceitou sua sexualidade como uma verdade importante sobre si mesmo. Ele sabia que a tensão entre o movimento em direção à igualdade e o movimento em direção à autoexpressão não constituía uma contradição no liberalismo. Esta é a afirmação que o liberalismo faz: que podemos nos expressar ao mesmo tempo em que expandimos, para outras pessoas, o direito ao acesso a uma gama mais ampla de prazeres e possibilidades. Os liberais desejam os dois e não enxergam esses objetivos como uma contradição, mas como a mesma tarefa — assim como um equilibrista não experimenta nenhuma "contradição" entre permanecer sobre a corda bamba e andar sobre ela. Permanecer na corda apesar da dificuldade em manter o equilíbrio é a razão pela qual alguém se torna equilibrista; é o motivo do ato. O motivo do ato liberal é expandir a liberdade e também a igualdade. Pendemos um pouco para esquerda e um pouco para a direita, e às vezes um bando de macacos pula sobre nossos ombros — como acontece com Charlie Chaplin em *O Circo* —, e precisamos continuar em frente mesmo assim. Manter o equilíbrio é o motivo, não o problema. (Talvez não seja completamente por acidente que uma das metáforas favoritas de Lincoln para a tarefa de políticos liberais fosse compará-la à do equilibrista Charles Blondin ao atravessar as Cataratas do Niágara.)

Rustin, como Montaigne, Mill ou Eliot, era muitas coisas ao mesmo tempo. Ele se referia a si mesmo como liberal, radical, socialista e cidadão do mundo. Mas seu compromisso com as instituições e práticas liberais era absoluto. Essa foi uma das razões pelas quais ele era resolutamente anticomunista, apesar de ter sido perseguido como vermelho por Hoover e pelo FBI — e alguns de seus biógrafos atuais parecem ficar intrigados pela força de seu repúdio ao totalitarismo de esquerda, embora ele fosse apenas um apoiador da Guerra Fria. Ele reconhecia que não havia possibilidade de reforma democrática sem instituições liberais. Em 1986, escreveria: "Não acredito que liberdade e justiça econômica são incompatíveis. Isso não quer dizer que atingimos plenamente a liberdade e a justiça econômica nos Estados Unidos. Não atingimos. No entanto, aqui temos liberdade para discutir e lutar por justiça na imprensa, nos tribunais e nas ruas (...) Sei por experiência própria que ativistas pelos direitos civis aqui foram presos e alguns foram mortos. Eu fui preso 24 vezes por lutar pelos direitos civis neste país. Tenho consciência dos excessos antidemocráticos de policiais individuais, do Sr. Nixon e do FBI (...) a diferença entre ser um dissidente, um ativista pelos direitos civis ou um reformador social aqui e na União Soviética está relacionada às punições por tal atividade. Sempre que fui detido e preso aqui houve comitês organizados em meu nome para me defender (...) [as transgressões por parte do governo] são documentadas na imprensa, investigadas por agências governamentais e não governamentais e questionadas nos tribunais." Ideais humanos só podem ser transformados em regras funcionais por meio de instituições liberais.

Você pode perguntar, como outros perguntaram: Rustin não era "na verdade" um esquerdista radical que forçou liberais relutantes a reagir? A resposta — e nisso até um liberal pode ser indubitável — é não. O ativismo de Rustin sempre foi pensado especificamente em termos liberais, ativismo liberal em sua forma mais potente. Essa é a razão pela qual ele insistia que manifestações não violentas organizadas eram o oposto de levantes, não seu prelúdio ameaçador. Essa é a razão pela qual, a um custo considerável de sua reputação e influência, ele rejeitou repetidamente os limites estreitos de uma mera militância racial. Esse é o motivo de ele acreditar na Constituição norte-americana, não importava a frequência com que ela frustrasse suas causas.

Rustin era um ativista liberal em seu firme compromisso com as instituições liberais, mas também na posse de um temperamento liberal quase perfeito. Ele queria semear o mundo com sanidade. O que torna suas cartas para seus carcereiros brutais tão tocantes é que ele apela para eles como homens comuns com desejos comuns.

Não existem endossos, duramente alcançados, da dispersão de poder e autoridade mais centrais para o liberalismo do que os dele. Libertar indivíduos e fazer as instituições protegerem a liberdade com mais força eram uma causa dupla e inseparável para Rustin. Se alguém merece o título de maior radical do reino, é ele.

Então, o que é liberalismo? É o ódio à crueldade. É o instinto a respeito da conduta humana enraizada na triste admissão de nossa própria falibilidade e da inadequação de nossas mentes divididas em estar certas na maioria das vezes para agir de maneira autocrítica. É a crença de que a simpatia que une a sociedade humana pode nos desconectar de nosso passado tribalista e desconfiado. É um programa de reforma permanente baseado na razão e no apelo ao debate, consciente da falibilidade humana e aberto às lições da experiência. É a compreensão de que instituições sociais pequenas e abertas, não maiores que um café ou mais politicamente abertas que um parque, têm um papel gigantesco na criação de mentes livres e na garantia da segurança pública. É a fé no debate racional, e não no ritual herdado; assim como na reforma, e não na revolução ou na reação. É a crença na mudança radical por meio de medidas práticas. É a disposição para agir em nome da igualdade — de forma não violenta, mas visível e, por vezes, em face da ameaça de violência. É a crença de que a vida deve ser justa, ou mais justa, ou tão justa quanto parece justo: as vidas das pessoas não devem ser sobredeterminadas por quem seus pais foram, por quanto dinheiro herdaram ou pela cor de pele que seus genes definiram. É a crença de que a busca individual pela felicidade excêntrica pode ser unida a uma fé comum no procedimento justo.

Sim, tudo isso é pensado com uma inclinação materialista forte, porém não decisiva — fundamentada na fé no prazer mundano, uma crença de que não importa se quaisquer recompensas ou buscas espirituais proporcionem a nossas vidas finitas maior significado, pois nenhuma delas quer dizer muito se as pessoas não tiverem alimentação, moradia e educação e, em maior ou menor grau, diversão. (Ainda que com isso surja o reconhecimento de que grandes movimentos de reforma começaram, com muita frequência, tanto em igrejas quanto em clubes.)

Esses valores estão enraizados em uma simples ideia moral a respeito da capacidade humana — uma ideia moral a respeito da fonte de significado no pensamento individual. Isso significa apenas que as pessoas criam seus valores, que estes não são herdados do passado nem caem do céu. O ideal humanista é o que cruza e anima o liberalismo com energia moral. O oposto do humanismo não é o teísmo, mas o fanatismo; o oposto do liberalismo não é o conservadorismo, mas o dogmatismo. O fanatismo é, portanto, o grande inimigo do humanismo, e o grande inimigo do ideal liberal é o fanatismo na vida política.

O liberalismo acredita na imperfeição da humanidade. É um eterno programa de reforma que tem a intenção de aliviar a crueldade ao nosso redor. O resultado não será uma sociedade perfeita, mas simplesmente outra sociedade, com seus próprios defeitos imprevistos para corrigir, embora com algumas das piores injustiças — extirpar membros das pessoas, mantê-las escravizadas ou privar metade da população do direito de responder por seu próprio futuro — extintas, esperamos que para sempre. Este é o mais próximo possível que o liberalismo consegue chegar de uma visão utópica: uma sociedade futura que tem falhas, como a nossa, porém menos cruel com o passar do tempo.

Smith e Hume; Lewes e Eliot; Mill e Taylor; Rustin e Montaigne; e Olmstead e Putnam compartilham a crença na conversa social como um antídoto para a autoridade e a crença de que reformar o mundo dá trabalho, mas vale o esforço. Eles criaram filosofias, construíram parques, escreveram romances, editaram jornais, lideraram manifestações, conceberam e conduziram estudos empíricos e, às vezes, fizeram coisas verdadeiramente grandes que nem sempre pareceram assim aos olhos de seus contemporâneos. Suas realizações muitas vezes tiveram pouco a ver com ideias convencionais de sucesso. Um foi um prefeito ruim em um regime corrupto; outro, membro malsucedido do Parlamento; um outro, projetista de parques deprimido. Nenhum deles tinha uma explicação que servia para tudo; todos focaram um lugar ou uma parte do todo.

E, ainda assim, a constelação de ideias, valores, processos e princípios que eles representaram e ajudaram a conceber, apesar de criar mais sociedades plurais, pacíficas e prósperas do que qualquer outra prática social já vista na história, está sob constante ataque atualmente, tanto de intelectuais quanto de pessoas comuns. Por quê? Quais são os fortes argumentos contra a política liberal-democrata como a conhecemos e contra os valores liberais humanistas que estão por trás dela? Onde podem ser encontrados, o que defendem e como podem ser respondidos?

CAPÍTULO DOIS

POR QUE A DIREITA ODEIA
O LIBERALISMO

EIS AQUI AS IDEIAS do liberalismo, definidas de uma nova forma: uma campanha contínua e progressiva por reformas majoritariamente igualitárias conquistadas por meio de discussões e debates abertos, geralmente advindas de pequenas comunidades dissidentes para criar instituições pluralistas — liberais. Vimos aqui como o liberalismo não é centrismo de forma alguma, e sim um tipo de realismo radical responsável por quase todas as mudanças humanas ocorridas no Ocidente nos dois últimos séculos. A emancipação das mulheres, a libertação dos escravizados e, depois, dos oprimidos racialmente, o reconhecimento dos direitos das minorias sexuais — todas estas são conquistas únicas dos Estados liberais, orquestradas por ativistas liberais, nunca antes ocorridas na história.

Com esse histórico, e, no geral, um histórico de paz e prosperidade — mais uma vez, único na história —, por que, então, o liberalismo é tão atacado e tão globalmente impopular de várias maneiras? Existem duas críticas ferozes, uma da esquerda e outra da direita, para explicar esse fenômeno. E, sim, ser liberal significa estar para sempre envolvido em uma guerra em duas frentes, como Hércules com as duas serpentes em seu berço, uma à direita e outra à esquerda.

Quais são essas duas serpentes? Anteriormente, afirmei que o liberalismo está enraizado em uma crença na reforma e na razão. A crítica direitista ao liberalismo é, em grande parte, um ataque à sua dependência excessiva da *razão*; a esquerdista, um ataque sobretudo à sua falsa fé na *reforma*. A investida da direita também tende a focar o mal que o liberalismo faz *internamente* às comunidades tradicionais e nações que trai; a esquerda se atenta também, e por vezes com mais frequência, ao mal que o liberalismo faz *externamente* a suas vítimas distantes nos países estrangeiros que explora. O liberalismo, em ambas as visões, é como um liquidificador de culturas, que bate e mistura o que antes foram comunidades coerentes. A esquerda diz que o liberalismo faz isso sobretudo em busca de lucro e em nome do capitalismo que protege (mesmo quando sorri e finge que não); já a direita diz que ele faz isso em busca de princípios perversos e em nome do Estado-monstro que idealiza (mesmo quando fecha a cara e finge amar apenas a liberdade).

Não há nada mais importante para o princípio liberal do que a crença no debate, uma crença de que exprimir diferenças realmente nos leva a algo novo. O próprio Mill afirmou que a vida social é feita de meias verdades conflitantes, e não de verdades absolutas detidas por alguém. Então vamos analisar um cenário contra o liberalismo por vez e tentar apresentá-lo da forma mais séria e compassiva possível. E vamos deixar claro logo de início: existe uma filosofia de direita, e até de autoritarismo reacionário, que não é mera literatura de ódio paga. Pode parecer uma afirmação mínima, mas é essencial. Muitos liberais e esquerdistas presumem que ideias conservadoras não passam de uma série de falsas apologias nas quais escribas redigem qualquer coisa que seus chefes ricos da Fox News ou da Koch Industries pedem. Na verdade, o que chamamos de filosofia conservadora é, de acordo com essa visão, apenas propaganda para a ordem estabelecida. O exemplo disso é a carreira de Ronald Reagan na General Electric na década de 1950. Reagan, um liberal New Deal na juventude, foi contratado pela General Electric para sair por aí e divulgar o capitalismo corporativo. E assim nasceu uma estrela política. Seguindo a lógica, se a AFL-CIO (Federação Americana do Trabalho e Congresso de Organizações Industriais) tivesse dinheiro suficiente para pagá-lo, os Estados Unidos teriam elegido um social-democrata em 1980 — ou algum outro ator de cinema, o próximo na lista da GE. Pode ser injusto com Ronald Reagan, que, de qualquer forma, rumava para a direita e tinha visões e instintos próprios, mas acredito que seja especialmente injusto com o conservadorismo. Não faltam argumentos convincentes nem da direita nem da esquerda contra o liberalismo.

De fato, o principal argumento é simples e atraente: a necessidade mais importante do ser humano é a *ordem*, não apenas na vida cotidiana, mas no mundo. Sem ordem, tudo entra em colapso. A ordem pode vir de Deus e ser "natural" ou pode ser artificial e fabricada, mas é essencial. Segundo os conservadores, o liberalismo, com sua ênfase na reforma, é um instrumento de mudança rápida. E a mudança desordena a ordem. A mudança a põe *em risco*, e só depois percebe o custo de sua perda para as pessoas comuns. Ordem não significa apenas obedecer às autoridades, embora às vezes signifique, sim, aceitarmos um papel de subordinação pelo bem de todos. Ordem quer dizer disciplinar nossos desejos — de formas que os liberais nem sempre gostam — para garantir que a paz social possa continuar. Por vezes, pode significar manter nossas crenças mais profundas em segredo, em vez de arriscar o início de uma guerra civil. Talvez exija evitar o conflito a qualquer custo, mesmo quando acreditamos estar certos.

MILHARES DE PEQUENAS SANIDADES

A preocupação dos conservadores com a ordem implica conhecer o que realmente ocorre quando ela desmorona. Talvez seu valor seja mais evidente para aqueles que convivem com sua escassez do que com seu excesso. Não é preciso explicar o valor da polícia aos tútsis, em Ruanda. E, para que ninguém ache que essa preocupação é um credo de tiranos intimidadores — grandes e pequenos, tanto os Césares quanto os Gottis —, ou que está alinhada demais ao código de lei e ordem da direita norte-americana, devemos lembrar que o mais humano de todos os poetas também pensa assim. Shakespeare, que chegou à idade adulta em uma época de violentas guerras, civil e religiosa, exalta repetidamente a necessidade de ordem; ele abomina a tirania, no entanto, o que o preocupa são a anarquia e o conflito. O poeta, para quem questões humanas nunca são estranhas, adotou o raciocínio de Montaigne de que os seres humanos são divididos em dois, por natureza, mas também compreendia a necessidade de ordem para evitar que essas duas partes se misturem uma com a outra. Duas das melhores passagens em toda a obra de Shakespeare — o discurso do Arcebispo da Cantuária sobre a lição da colmeia em *Henrique V* e o de Ulisses sobre ordem em *Troilo e Créssida* — adotam como tema a beleza e a necessidade de ordem e classes, ou seja, a hierarquia herdada. Quando o poeta canta, faz isso de forma mais eloquente sobre a beleza de um mundo ordenado e hierarquizado não para os poderosos, mas para aqueles abaixo deles. Pois, sem classes, Ulisses nos diz:

Fora o direito a força; o justo e o injusto —

cuja tensão contínua equilibrada sempre é pela justiça —

acabariam perdendo o nome, como também esta.

Todas as coisas no poder se abrigam;

o poder, na vontade, que se abriga, por sua vez, na cobiça.

Ora, a cobiça, esse lobo de todos,

tendo o apoio redobrado da força e da vontade,

transforma logo em presa o mundo todo,

para a si mesmo devorar por último.

"... o poder, na vontade, que se abriga, por sua vez, na cobiça. Ora, a cobiça, esse lobo de todos", tudo devora. Essa é a melhor descrição resumida da história do nazismo ou do stalinismo: primeiro, a sede de poder; depois, a pura declaração de poder; e, por fim, o mundo devorado, tanto os pequenos quanto os grandes. Shakespeare também acreditava em caridade e perdão — justiça e ordem moderadas por misericórdia e satisfação. Mas o risco de um lobo universal solto quando todas as instâncias de vida são contestadas o preocupava muito mais. O próprio Shakespeare era um rapaz simples da classe média cortejando a parcela rica de Londres — mas a paixão e a eloquência de seus hinos deixam claro que ele não escrevia por imposição, mas a partir da convicção. Desafine o alaúde da vida e a discórdia vem atrás.

Avançando no tempo, Edmund Burke e Samuel Johnson, ambos escritores londrinos e vozes conservadoras apaixonadas do século XVIII, também não poderiam obter uma vantagem especial por propor uma sociedade de classes fixas, pois nasceram fora dessa estrutura. Suas convicções eram tão reais quanto as de Shakespeare e consolidadas no mesmo conhecimento — talvez mais livresco que o do Bardo — do que acontece em uma cidade quando não há polícia para patrulhar. (*Não* havia polícia para patrulhar nessa época, e o jovem e desfavorecido Dr. Johnson acabou tendo que surrar ele mesmo alguns aspirantes a bandidos.) O amor pela ordem só pode ser sentido de forma tão potente pelos desfavorecidos e pelos insolentes; de fato, Johnson acreditava que os desfavorecidos precisavam *mais* da ordem, já que tinham menos meios de se livrarem da anarquia natural.

Em outras palavras, a filosofia conservadora está na moda, como dizemos hoje, e merece uma escuta atenta. Contudo, de várias formas, conservadorismo é um termo ainda mais confuso do que *liberalismo*, englobando todos, desde patrícios respeitáveis a pregadores fundamentalistas mais simples. Até superestrelas conservadoras podem ser confusas. Burke — um nome tão consagrado para a direita quanto Mill é para os liberais — realmente passou a maior parte de sua vida parlamentar argumentando em favor da maior revolução liberal de sua época, a norte-americana, e tentando impugnar Warren Hastings, o brutal governante colonial da Índia, em nome dos colonizados e oprimidos — como se um político conservador contemporâneo devotasse sua carreira a perseguir os mercenários da Blackwater no Iraque por crimes de guerra.

Dentre os críticos direitistas do liberalismo, a ênfase na ordem social é fundamentada em algo ainda mais primordial: uma reverência à ordem natural da família e da comunidade. Sendo assim, vamos elucidar a crítica da direita com outra imagem. Você se lembra, Olivia, de quando fomos jantar naquele ótimo restaurante persa na Second Avenue depois de você fazer alguma prova seletiva — vestibular ou algo assim — e de que havia uma família enorme na mesa ao lado? Lembra-se de como invejamos a intensidade do envolvimento entre os membros, mães, pais, patriarcas e matriarcas, todos comendo e debatendo juntos? Eles compartilhavam pratos, ignoravam as crianças, gritavam, se abraçavam e faziam a maior bagunça. Em comparação, nós parecíamos tão... pequenos, tão sozinhos.

Na época, dissemos que era impressionante — e perturbador — que, embora eu viesse de uma família muito grande na qual não havia brigas particularmente graves, nós nos reuníamos apenas a cada dez anos, mais ou menos. Gostamos uns dos outros. No entanto, muito tempo se passava sem que nós, meus cinco irmãos e meus trinta e poucos sobrinhos e sobrinhas, nos víssemos — porque estamos todos correndo atrás de nossas carreiras meritocráticas em um canto ou outro do continente, ou até na Austrália, enquanto nossos pobres e lamentosos pais esperam nossas ligações no Canadá. Uma forte identidade de clã — embora visível de formas sutis — não é algo em que conseguimos nos refugiar com facilidade quando precisamos de conforto. Nosso conforto reside nas realizações, e não no compartilhamento.

E, como você astutamente me disse naquele momento, na falta do sentimento de clã, a família nuclear — nós quatro — se torna muito mais importante, como um tipo de jangada da vida no oceano da existência. Talvez importante *demais*. Há um argumento frequente que diz que é extremamente destrutivo para a sociedade em geral quando pessoas de classe média alta investem muito em um ou dois filhos, como a maioria dos seres humanos tem feito ao longo da história, em vez de investir de maneira ampla em muitas gerações, já que isso as torna ferozmente desesperadas para reservar para os filhos os mesmos lugares que elas têm ocupado, não deixando espaço para que outros se juntem a elas ou melhorem de vida. (Eu costumava brincar que sua mãe e eu comandávamos uma pequena loja deficitária com dois funcionários que gozavam de enormes benefícios de saúde e educação.)

Todas as críticas conservadoras ao liberalismo começam aqui — tanto a oposição leal essencialmente respeitosa quanto a raivosa e violenta que marca os movimentos do autoritarismo moderno. Os conservadores dizem que o liberalismo é o inimigo natural da comunidade, e das famílias e tradições que tornam as comunidades estáveis, e que comunidades estáveis são essenciais para vidas felizes. A liberdade e a autonomia enfatizadas pelo liberalismo relegam seus partidários a uma existência pulverizada, fragmentada, insatisfatória e, de certo modo, desumana. Até a família nuclear é um tipo de casulo de aço em torno de nossa solidão essencial, conchas rígidas em torno da ambição organizada. A forma como vivemos em países modernos, destituídos da ordem tradicional de destinos, identidades e significados em comum, não é como as pessoas deveriam viver. A política precisa, de um jeito ou de outro, restaurar essa ordem.

Esse é um dilema muito melhor capturado e cristalizado na arte do que discutido em polêmicas. É uma verdade sobre os Estados Unidos capaz de sofrer uma intensa reviravolta. Em *Avalon*, o belo e pouquíssimo visto filme de Barry Levinson, Sam, o patriarca imigrante, chega ainda jovem em uma Baltimore em desenvolvimento até então, onde constrói uma vida familiar rica e complexa até que, aos poucos, a modernidade apaga as gerações e o significado de sua vida, deixando-o completamente sozinho, assistindo à televisão em um quarto individual de uma casa de repouso. Este é o triunfo pírico do liberalismo: convidamos pessoas para construírem suas vidas e depois as abandonamos quando se tornam improdutivas. Destruímos famílias e chamamos de autorrealização; retiramos a mesa comum e chamamos de progresso.

A ordem, tanto na família quanto na sociedade, é a preocupação que une os conservadores, e a reforma liberal é seu inimigo natural. Entretanto, mais uma vez, há muitas variedades de conservadores, talvez até mais que de liberais, e seus ataques ao liberalismo têm quase a mesma variedade.

POR QUE A DIREITA ODEIA O LIBERALISMO

Antes de analisarmos os ataques realmente radicais, devemos olhar para as críticas mais amigáveis ao liberalismo, que vêm daqueles que podemos chamar de conservadores constitucionais. Com isso, quero dizer o velho núcleo responsável pelo governo do Partido Republicano (sim, isso já existiu), dos partidos conservadores da Grã-Bretanha e do Canadá, ou dos vários partidos democrata-cristãos da Europa; eles têm estado no poder com bastante frequência na era liberal. O que eles acreditam ser tão diferente do liberalismo que os faz querer se distinguir com tanto fervor, mesmo que também acreditem na centralidade dos direitos individuais e da democracia?

Com frequência, eles dirão que acreditam em exércitos fortes, poucos impostos e, talvez acima de tudo, um Estado limitado. Permita-me ser cético acerca dessa autodescrição. Eu não acredito realmente que um Estado limitado ou inchado importe tanto na distinção entre liberais contemporâneos e conservadores constitucionais quanto nos dizem. Todos nós queremos apenas um Estado tão grande quanto o necessário para satisfazer as necessidades atuais de nossos valores e programas. O estatismo pode ou não ser pecado, mas, se for, não é nem da esquerda liberal nem da direita liberal. Os liberais querem que o Estado seja grande o suficiente para, por exemplo, aplicar leis de controle de armas, mas não tão intrusivo que atinja mulheres e seus direitos reprodutivos.

Conservadores no poder talvez queiram reduzir o papel do Estado em algumas instâncias — como regulamento de empresas, segurança do trabalho ou meio ambiente —, mas invariavelmente aumentam seu poder em outras: impostos para os militares, políticas de imigração ou, talvez, subsídios furtivos a empresas de energia favorecidas. Não poderia haver um programa de governo maior do que a pena capital, que deleita tantos conservadores norte-americanos. De fato, não há uma paródia mais obscena do

Estado administrativo liberal quanto a maneira norte-americana de matar condenados — o veneno a ser introduzido em suas veias depois de serem amarrados, indefesos, a uma maca não pode ter passado da data de vencimento, por medo de um acidente. É preciso ter certeza de que cada papel está corretamente carimbado e só então pode-se matar. Com certeza, se o movimento pró-vida tem algum propósito sério — e eu acredito que tenha —, isso exigiria uma força policial da gravidez, perseguindo mulheres e processando médicos por abortos clandestinos. Essa foi a prática regulatória até bem pouco tempo atrás e impulsionou o aborto, que sempre será um fato da vida humana, clandestinamente. Então, eu não acredito que essa distinção de fato se mantenha.

O que *realmente,* e efetivamente, separa os partidos e políticos liberais dos conservadores convencionais, considerando de forma direta, são algumas ideias acerca de respeito e determinados rituais de reverência — em particular, o respeito pelo militarismo e a reverência à religião. Essa é a demonstração superficial de ordem. De fato, podemos voltar a um momento crucial na Grã-Bretanha do século XIX, quando essas duas coisas — o liberalismo, chamado assim pela primeira vez, e o conservadorismo, evoluindo em uma direção agora familiar — assumiram suas características distintivas, e ver o quanto as diferenças entre elas já dependiam desses rituais de reverência.

Essa história está ligada às vidas de dois dos maiores personagens na história da democracia: Benjamin Disraeli e William Ewart Gladstone. Eles foram as principais figuras políticas de seu tempo: Disraeli como o líder do Partido Conservador na Câmara dos Comuns e Gladstone como um dos primeiros líderes do Partido Liberal propriamente dito. Eles são uma dupla infinitamente fascinante, cujas vidas nos contam muito sobre as personalidades essenciais para liberais e conservadores — sendo estas no mínimo tão importante quanto princípios fixos para analisar os tipos —, e como elas se tornaram princípios ou não.

A piada é que, ainda que Gladstone, o liberal, fosse um homem de mentalidade conservadora com boas intenções e fé cristã impecável — embora com a piedade maculada pela inadequada curiosidade por "resgatar" mulheres perdidas enquanto vagava pelas ruas de Londres —, ele se tornou liberal em virtude de sua aversão ao privilégio. Gladstone desconfiava dos direitos herdados da alta burguesia, a quem respeitava como indivíduos, mas repudiava como grupo. Apesar de ele próprio ter um jeito paternalista — hoje, seria um reitor de universidade —, queria realmente acabar com as instituições privilegiadas. (Tanto que inspirou Lewis Carroll, que era politicamente alinhado ao conservador Partido Tory, a criar dois anagramas com seu nome, em um desespero estranho acerca do radicalismo de Gladstone: "Wilt tear down all images?" e, ainda melhor, "Wild agitator! Means well" — "Quer destruir todas as imagens?" e "Agitador selvagem! Tem boas intenções", respectivamente, em tradução livre.)

Disraeli, o grande líder conservador, era exatamente o oposto. Ele era gay, judeu e se vestia com extravagância. (Embora não fosse abertamente homossexual como no sentido atual, é claro, poucos conseguiam ignorar, ou ignoravam, sua devoção a uma profusão de homens mais jovens e bonitos ou seu casamento de fachada com uma mulher mais velha e rica.) Enquanto isso, sua fé judaica, embora teatralmente apagada pelo batismo, era a coisa mais óbvia sobre ele, tanto que Otto von Bismarck, o tirano da Prússia, chamava-o simplesmente de "o velho judeu". Ele também era um romancista satírico e fazia provocações perversas. Imagine, um Tom Wolfe judeu e gay se tornando o candidato republicano à presidência. Ele usava exagerados coletes de brocado, relógios de bolso de ouro e tinha toda a pompa de um dândi. Ainda assim, passou a liderar o partido

MILHARES DE PEQUENAS SANIDADES

da alta burguesia, que desconfiava dele, e ajudou a moldar a retórica do que consideramos conservadorismo moderno e dominante.

Disraeli viu que as classes direitistas de proprietários de terras na Inglaterra tinham uma mensagem que poderia ser de especial importância para pessoas de fora de seu círculo imediato de iguais. "Young England", ou "Inglaterra Jovem", foi o nome engenhoso que escolheu para o seu novo movimento; mesmo que os jovens em questão fossem todos da alta burguesia, parecia arrojado. Em comparação à Escola de Manchester, de capitalistas industriais que eram vistos como sabotadores da sociedade tradicional, a nova ideologia de Disraeli — que ele praticamente impôs a um bando de engomadinhos surpresos que estavam ressacados demais para perceber que tinham uma — era uma espécie de neomedievalismo, cheio de alegorias imaginárias de uma perdida Camelot inglesa. No entanto, o neomedievalismo como repositório de ideias, ou, na verdade, um desfile de emoções, era uma veia de sentimento extremamente rica. Agradava à esquerda, à direita e ao centro — a todos os que achavam que a vida manchesterizada moderna estava erradicando os belos detalhes da tradição britânica.

Disraeli compreendeu que um apelo à grandeza nacional seria extremamente popular, e não apenas entre aqueles cujos interesses eram protegidos por isso e a quem ele, de certo modo, representava — os aristocratas que o usavam mais como quem contrata um advogado esperto. (Embora logo tenham descoberto que era o advogado esperto quem estava usando-os.) Ele foi um dos primeiros a identificar uma vulnerabilidade que podemos chamar de vulnerabilidade de identidade. Disraeli entendeu que um apelo tradicional à reverência pela nação — que na época, no caso da Inglaterra, significava reverência pelo império, ou seja, as "conquistas" da nação — era essencial para uma democracia de base ampla. Em seus anos como primeiro-ministro, na década de 1870, ele desenvolveu um elaborado culto à Rainha Vitória — não muito popular no início de seu reinado — como a imperatriz da Índia e a personificação da missão imperial. Ele conseguiu que a Inglaterra comprasse uma participação no Canal de Suez e fez o máximo que pôde para projetar e impor um simbolismo régio que se estendesse além da monarca. Gladstone, por sua vez, era um internacionalista liberal antes de o termo existir, a favor de uma intervenção humanitária nos "horrores búlgaros" cometidos pelos otomanos na década de 1870. Mas ele não era um regalista natural.

A suposição de Disraeli era que uma população trabalhadora emancipada teria tanta probabilidade de apoiar o orgulho imperialista quanto a solidariedade social, e esse acabou sendo um dos palpites mais astutos da história da vida política moderna. Isso frustrou as expectativas de seus contemporâneos e continua a confundir os liberais e a esquerda até hoje. Por que as pessoas não compartilham nossos valores se compartilham nossos problemas? A classe trabalhadora branca é, em primeiro lugar, uma classe trabalhadora; se o caminho lhe fosse apresentado, ela *realmente* desejaria apoiar os sociais-democratas.

Isso nunca acontece porque a identidade, ou o orgulho nacional, se você preferir, provou várias vezes ser incomparavelmente mais poderosa do que o egoísmo econômico definido de forma estrita. O motivo de o jingoísmo ter um apelo tão esmagador para as classes trabalhadoras — superando com facilidade as diferenças de interesses aparentemente óbvias entre elas e os imperialistas econômicos — é um grande mistério da era moderna, pelo menos para os liberais. Poderíamos pensar que conquistar a Birmânia teria tão pouca importância para um cockney quanto teria agora para seu descendente dominar o Afeganistão, mas funciona assim: o imperialismo popular é o cosmopolitismo dos pobres, o movimento no qual os pequenos e impotentes passam a acreditar que seus atos têm um significado histórico mundial. Os verdadeiros interesses do povo são definidos pelo povo, e os interesses de classe tendem a ser secundários em relação ao orgulho nacional.

Essa é uma lição que os liberais e a esquerda sempre esquecem e da qual sempre precisam ser relembrados. Como o próprio Disraeli coloca, com clareza presciente: "Em um país progressista, a mudança é constante; e a grande questão não é se você deve resistir a ela, que é inevitável, mas se essa mudança deve ser feita em deferência aos modos, aos costumes, às leis e às tradições do povo ou em deferência a princípios abstratos e doutrinas arbitrárias e gerais."

Você se lembra do sistema de esgoto londrino que G. H. Lewes e sua geração lutaram tanto para construir? Bem, embora tenha sido originalmente um programa liberal, defendido em bases reformistas pragmáticas, era Disraeli quem estava no poder quando, em 1858, Londres finalmente começou a construir um enorme sistema de esgoto público para se proteger de seus próprios dejetos — e do miasma e do cólera que produziam. Meios monárquicos e medidas racionais: não é uma má definição do melhor lado da imaginação conservadora no mundo moderno.

Assim, Gladstone, um homem de temperamento liberal e igualitário instintivo, acabou fazendo muitos trabalhos conservadores importantes, estabelecendo o exemplo para o tipo de construção nacional belicosa e intervencionismo moral que os neoconservadores dos Estados Unidos ainda adoravam até pouco tempo atrás. Disraeli, sabendo que funcionaria para sua causa, lutou por emancipação em massa, além de endossar e até mesmo desenvolver programas de obras públicas essenciais. Um homem de personalidade instintiva conservadora e romântica, ele acabou fazendo muito do trabalho do liberalismo, tanto que quase poderia se apresentar como herói liberal, se a ideia não chocasse tanto seu espírito.

A ideia de mostrar deferência aos modos e tradições de um povo — ou pelo menos parte dele — é essencial para o projeto do conservadorismo moderno e faz parte da força do Estado liberal moderno. Disraeli deu início a uma tradição poderosa na qual uma política de grandeza nacional não se opunha às práticas da democracia liberal; podia se encaixar nela e, muitas vezes, triunfar.

Para analisar outra insistência heroica do mesmo tipo tradicionalista, mas firmemente democrático, podemos considerar Winston Churchill ou, melhor ainda, apelar para a figura de Charles de Gaulle, cuja fidelidade às instituições liberais foi comprada a um custo muito mais alto e em um ambiente muito mais resistente do que o de Churchill.

De Gaulle é, talvez acima de tudo, uma figura significativa em razão da sinceridade e da resistência de seu republicanismo: com experiências que em muitos lugares e circunstâncias teriam levado, em períodos de crises, a alguma forma de bonapartismo, ele se tornou e permaneceu um partidário fiel das eleições livres e de se submeter à vontade do povo. Ele estimava "uma determinada ideia de França", para usar sua frase conhecida, mas uma ideia de França *republicana*. Sua história incorpora a ideia de uma política baseada em princípios, conservadora e de estilo monárquico, completamente distinta do liberalismo em tom, porém igualmente comprometida com a democracia em muitos aspectos.

Embora insistisse que suas origens estavam em meio à alta burguesia do interior, na verdade ele foi criado no 7o Arrondissement de Paris, que combina o aristocrático bairro Faubourg St. Germain e grandes instituições militares — a Escola Militar de Paris e o Palácio dos Inválidos. Como De Gaulle afirma perfeitamente, era um lugar marcado por uma "melancolia militar", de uma ampla tristeza repleta de grandes espaços verdes e vazios. Sua política reacionária, aprendida com os pais, foi humanizada por uma densa cultura literária. "O trabalho mais maravilhoso do mundo seria o de bibliotecário", declarou ele uma vez. Estava sendo provocador, mas não totalmente. Ele conhecia Corneille de cor e conseguia citar suas peças. Havia assimilado a lição da tragédia: que a maioria das esperanças está condenada, que todas as escolhas têm um custo, que suportar a perda com dignidade é a mais nobre das vocações humanas. Quando o pior aconteceu e o corpo de tanques alemães invadiu a França na primavera de 1940, De Gaulle não apenas sentiu que seus talentos haviam sido mal utilizados, mas, pior para um intelectual francês, que suas teorias haviam sido ignoradas. "Nossa derrota inicial", escreveu ele em um memorando cujo efeito sobre seus desesperados superiores só podemos imaginar, "vem da aplicação de minhas ideias pelo inimigo".

Ele escapou dos alemães em 1940 com pouco mais que um reles título e as roupas do corpo. No exílio em Londres, De Gaulle notavelmente mudou seus pontos de vista de um oficial francês normal, com compreensível desprezo pelos políticos brigões e medíocres da Terceira República, para uma espécie de republicanismo determinado. Ele compreendeu que apenas valores republicanos revolucionários poderiam inspirar a empatia francesa e expressar seus pensamentos.

De Gaulle passou a enxergar que a república e suas palavras mágicas, *liberdade*, *igualdade* e *fraternidade* — não as quase-Vichyitas *pátria* e *família*, que ele favoreceu inicialmente —, serviriam sozinhas a França em toda a sua plenitude. Ele era a coisa mais distante do mundo de um democrata instintivo, mas não precisava ser. Bastava ter entendido que a democracia havia se tornado um dos instintos da França.

Ele voltou ao poder após a guerra, durante a crise argelina de 1958, para fundar a Quinta República. Seu segredo, assim como no governo vitoriano de Disraeli, era que, por baixo da grandiosidade ressoante e da retórica medievalista, o novo regime era inteiramente tecnocrático e reformista. Ele colocou a França no caminho da modernização, como Disraeli fizera um século antes com a Grã-Bretanha.

A ideia política central que De Gaulle intuiu foi aquela que tinha em comum com Disraeli: os mitos importam. Sem um senso de significado comum e símbolos compartilhados, é impossível para qualquer Estado moderno perdurar. A dignidade nacional é absolutamente importante em qualquer programa de renovação da nação. (Se a política norte-americana em relação à Rússia pós-1989 tivesse sido moldada considerando não apenas o sistema político daquele país, mas também seu orgulho — para garantir que os russos tivessem um mito de sua própria autolibertação, em vez de serem tão obviamente saqueados e derrotados —, é possível que o desastre que se seguiu tivesse sido menos catastrófico.) De Gaulle elaborou uma história simbólica para os franceses no lugar de uma história real, porque os símbolos estavam entre as coisas mais reais que eles conheciam.

A distinção que às vezes é feita entre patriotismo e nacionalismo é a essência da política de De Gaulle, como foi, em muitos aspectos, no caso de Disraeli. O patriota ama sua terra, seu monarca, seus queijos, seu povo e suas idiossincrasias; o nacionalista não tem nenhum sentimento particular de afeição pelo verdadeiro lugar que defende (geralmente é estranho a ele), mas emprega seu senso obsessivo de cerco e ressentimento em nome de atos de vingança étnica. Com seu amor pela honra e pela pompa, De Gaulle talvez pareça oferecer um modelo muito datado de política. E, no entanto, de uma forma estranha, não podemos deixar de passar para o século XXI a lição viva e urgente que existe no que ele realizou. De Gaulle mostrou que a política de grandeza nacional não precisa ser domínio exclusivo de valentões, gângsteres, vigaristas e palhaços. É uma bela lição francesa.

Os liberais, em geral, são mais céticos em relação a tais emoções e imagens, ou, pelo menos, ficam mais envergonhados em sua presença, mesmo quando, como muitas vezes acontece, adotam essas tradições de forma igualmente ampla — por exemplo, o 4 de Julho nos Estados Unidos. Nenhuma batalha política poderia ser mais reveladora neste ponto do que o momento em que Ronald Reagan destituiu Jimmy Carter na eleição presidencial de 1980. Carter havia, de fato, iniciado um amplo programa de desregulamentação, como no setor aéreo, que mais tarde se tornaria a representação da guinada do reaganismo para o livre mercado. Carter era oficial de carreira da Marinha e um homem de profunda fé, mas ele e seu grupo tiveram dificuldade em se aproveitar dessas emoções, enquanto Reagan, que nunca usara um uniforme e era nitidamente indiferente à Igreja, sabia se aproveitar dessas emoções de forma instintiva, como fazer uma saudação rápida e invocar o Todo-Poderoso quando necessário, com resultados conhecidos.

A ênfase do conservadorismo na ordem social e nos mitos nacionais, mesmo sendo um conservador constitucional como Disraeli ou De Gaulle, que aceita instituições liberais (na verdade, eles acham que as entendem melhor do que os liberais, que as perverteram), o leva a se opor ao perpétuo uso liberal do governo para a reforma. Para os conservadores, as reformas produzem a necessidade de outras reformas, não porque novos problemas surgem, como dizem os liberais, mas porque a reforma *criou* problemas, o que nunca teria acontecido se tivéssemos deixado como estava.

Agora podemos voltar a Edmund Burke e à nossa primeira confusão sobre o significado de conservadorismo — pois Burke, com todo o seu liberalismo, tornou-se o que hoje chamamos de conservador exatamente a respeito destas questões: a reverência pela monarquia e a preocupação de que grandes ideias mal esclarecidas, e as supostas reformas que delas decorreram, estavam pervertendo a ordem natural. Burke, como já dissemos, passou metade de sua vida política apoiando a revolução nos Estados Unidos e, depois, outra grande parte dela processando Warren Hastings, o chefe britânico na Índia acusado de crueldade com os "nativos". Essas eram exatamente o que hoje chamaríamos de causas liberais, direcionadas a princípios humanos contra o poder oligárquico. Mas, quando ocorreu a Revolução Francesa, Burke recuou de horror, não especialmente em razão dos assassinatos em massa durante o reinado de terror, que na verdade só começaram depois que ele escreveu, mas com o regicídio de Luís XVI. As palavras mais famosas de Burke foram reveladoras, e sobre a esposa do rei; ele escreveu a respeito da (na melhor das hipóteses) patética Maria Antonieta que: "Achei que 10 mil espadas deviam ter saltado de suas bainhas, para vingar até mesmo um olhar que a ameaçasse de insulto. Mas a era do cavalheirismo acabou. A de sofistas, economistas e calculistas foi bem-sucedida; e a glória da Europa foi extinta para sempre. Nunca mais veremos aquela lealdade generosa à classe e ao sexo; a submissão orgulhosa; a obediência digna; a subordinação do coração, que manteve vivo, mesmo na própria servidão, o espírito de uma liberdade exaltada."

A ideia de que a aparência de submissão, obediência e posição são essenciais para a ordem está no cerne do ideal conservador —

mesmo que na prática a política não seja bem assim. Burke não ficou apenas ofendido com a violência perpetrada a muitos; ficou apavorado com a violência praticada contra reis e rainhas, uma vez que ela decapitou a própria ideia de ordem social. As pessoas que cortaram a cabeça do rei estavam nas garras de uma grande ideia tão inebriante que aniquilou sua capacidade de ver além da própria sede de sangue. O princípio abstrato do igualitarismo iluminista, liderado por intelectuais racionais, "economistas e calculistas", indiferentes ao real destino dos indivíduos, combinou-se com a crença na necessidade de uma reforma radical para destruir uma tradição venerada. É nesse momento que Burke se torna um conservador moderno. Tom Paine ficou horrorizado com a morte do rei e da rainha, porque sabia como o assassinato minimizaria a dignidade da Revolução Francesa; Burke ficou horrorizado em razão de como isso minimizaria a dignidade dos reis.

A briga entre conservadores constitucionais e liberais pode ser amarga e profunda — a diferença entre Carter e Reagan era enorme, e a discussão perpétua entre Burke e Mill é real —, mas ocorre dentro de um acordo geral de que as regras da democracia parlamentar, mesmo no estado nascente em que Burke as conheceu, são basicamente uma forma sólida de resolver suas disputas, com pelo menos o acordo mínimo de que uma oscilação de poder entre os dois lados é inevitável.

Mas a reação horrorizada de Burke ao assassinato do rei e da rainha franceses chama nossa atenção para outra crítica muito mais feroz da direita ao liberalismo. Esse ataque enxerga no liberalismo um excesso de confiança fatal na razão; compartilha do senso de caos de Burke, que poderia resultar da crença de que a sociedade deveria ser refeita de uma só vez com base em uma grande ideia, aniquilando tradições e costumes. Esses conservadores se lembram do clã em sua mesa comum, notam sua ausência na imaginação liberal e pensam que isso é muito pior do que uma mera mudança de ênfase periodicamente ajustável. Veem no liberalismo uma atrocidade moral e um fracasso prático, um compêndio sinistro de ideias ruins.

Podemos listá-las. Há o *secularismo* liberal, a indiferença com a fé que se autodenomina "tolerância", mas é, na verdade, intolerância contra qualquer coisa que esteja além da compreensão liberal — tratando crenças milenares como se fossem tão descartáveis quanto lenços de papel —, e trata os inseguros acerca da repentina nova sabedoria secular não como céticos, mas como odiadores e preconceituosos. Há o *cosmopolitismo* liberal, a indiferença à lealdade nacional que faz os liberais facilmente cogitarem ir para outro lugar e, pior ainda, acolher o mundo com a imigração descontrolada. Há a *permissividade* liberal, o desdém por ideias morais simples — tão simples quanto, digamos, aquela que diz que todas as crianças deveriam ter um pai e uma mãe para criá-los — que emociona os cosmopolitas, mas traz miséria e desespero para os trabalhadores. E, para que não esqueçamos, há o *relativismo* liberal, a insistência de que você tem o seu caminho e eu o meu, e se o seu envolve zoofilia, vá em frente, não é da minha conta. Secularismo, cosmopolitismo, permissividade, relativismo: é disso que os liberais se gabam como valores positivos, enquanto seus efeitos catastróficos sobre as pessoas comuns e suas vidas são evidentes. Comunidades suspiram e morrem enquanto cosmopolitas apenas se mudam para outro lugar para a próxima festa.

Uma ou outra versão desse tipo de reclamação comunitária está no cerne das interpretações mais benignas da crise do que é chamado populismo, a ascensão de Trump e o sucesso do Brexit.

Comunidades e cidades inteiras estão sendo despojadas de sua identidade e história — pela marcha implacável do capitalismo, sim, mas também por uma elite cultural em Londres, Nova York, Paris ou Palo Alto, que olha com desprezo para quem ficou para atrás e tenta impor-lhes suas ideias. Reduzida ao desespero pela perda de todas as certezas familiares, a maioria das pessoas comuns ataca um sistema que mostra pouquíssima empatia com sua existência, mesmo que isso signifique escolher um caminho aparentemente irracional, como se isolar da Europa ou aceitar um notório palhaço como Trump. A obviedade da palhaçada, a suposta irracionalidade da escolha pelo Brexit, é exatamente o que as torna atraentes — vamos esfregar o nariz da elite no horror que temem, e aqueles que ignoraram nossas verdades talvez finalmente compartilhem um pouco do nosso sofrimento. Pessoas de mentalidade liberal suspeitam, compreensivelmente, dessa interpretação: acham que ansiedade econômica é um bom nome para intolerância obstinada e persistente. Mas é muito provável que a escolha entre ansiedade econômica e total intolerância seja falsa: as pessoas costumam sistematizar ansiedade econômica *como* intolerância e, como sempre, explicam sua intolerância instintiva para si mesmos como ansiedade econômica.

Aqui, novamente, escritores e artistas podem ter mais a nos dizer do que os polemistas. Com certeza, de todos os relatos que li desse processo, o melhor — superior até a *Era uma Vez um Sonho*, o livro de memórias de J. D. Vance — é de Chrissie Hynde, a cantora pop que fundou a banda The Pretenders, em sua autobiografia, *Reckless*. É um livro surpreendentemente cuidadoso. Criada em Akron, Ohio, nas décadas de 1950 e 1960 (sim, eu também achava que ela era britânica), Chrissie teve a oportunidade de participar de uma cultura urbana genuinamente rica e diversificada. Havia lanchonetes, máquinas de refrigerantes e lojas de departamentos para desfrutar e, à medida que ficava mais velha, ela também pôde aproveitar as lojas de discos independentes e os clubes de jazz. Havia lugares para os adolescentes se distraírem e outros para os adultos se divertirem, e uma estação de trem movimentada com um serviço regular.

Tudo isso acabou, com o declínio da indústria de fabricação de pneus de Akron e o abandono de outras atividades dependentes dela, em um espaço de tempo surpreendentemente curto, entre os anos 1970 e 1990. Em quinze anos, Akron se acabou. Hynde escreveu: "Um manto sufocante de isolamento estava envolvendo os Estados Unidos. Apenas os 'locais turísticos', centros culturais que você visita ou pelos quais passa... ainda funcionavam e indicavam a reclusão que se espalhava como lava derretida. Akron era agora apenas uma das dezenas de milhares de cidades sendo aglutinadas por metrópoles, um sinistro processo transformador. A crença era 'cada um por si'." Os clubes de jazz sumiram, todos os hotéis fecharam e os trens pararam de circular. E todos ficaram sozinhos ou se sentindo assim.

Cada um por si. É fácil dizer que essas transformações devastadoras são parte do processo natural de mudança em uma sociedade de livre mercado — mas isso não altera a crise recorrente desse tipo de perda, que poderia ser repetida instantaneamente em cidades distantes como Lille, no norte da França, incubadora da Frente Nacional, ou por cidades antes prósperas, como Blackpool e Salford, no norte da Inglaterra, lugares que votaram esmagadoramente a favor do Brexit. É fácil para os metropolitanos encolher os ombros e dizer "não foi nossa ação liberal", mas, se quisermos nos orgulhar do que o liberalismo realizou, temos que assumir a responsabilidade por aquilo que ele *faz*. Sociedades livres destroem comunidades? Hummm. Não deveríamos, então, questionar o significado de "livres"?

MILHARES DE PEQUENAS SANIDADES

Em relação ao liberalismo, o que difere a reclamação comunitária radical de direita do ataque da esquerda — que culpa o capitalismo, acima de tudo, por todo esse sofrimento humano — é que a direita quase sempre coloca a culpa pela perda de identidade na perda da *autoridade*. E culpa *ideias* liberais (do secularismo ao relativismo) mais do que tende a culpar a economia de livre mercado — que a maior parte da direita, com algumas exceções significativas, também abraça — pelos desastres da vida moderna. Em parte por conveniência, mas principalmente por questão de convicção, a direita — que tende a ser financiada pelos empresários que ajudaram a arruinar Akron — acredita que são as elites liberais, e não o capitalismo, as maiores culpadas pela destruição da comunidade. A globalização talvez tenha espoliado Akron; mas foram as elites liberais que desmoralizaram seu povo. O Walmart pode ter ajudado a arruinar a Main Street, mas foi o monopólio liberal da educação e do entretenimento que destruiu o capital social que os moradores locais acumularam penosamente ao longo de gerações. Eles foram manipulados pelos plutocratas do Walmart e depois ridicularizados pelos diplomados da Universidade Wesleyan. (A Frente Nacional francesa diz que o mesmo ocorreu com a população de Lille, levando em conta as elites em Paris; ela primeiro foi abandonada à imigração aberta e depois foi tachada de racista.) A solução não é o socialismo, visto como outra ideia liberal fracassada, mas o nacionalismo, a ordem natural da humanidade.

É a teoria do professor substituto da sociedade. Era uma vez um professor de verdade que ditava regras que a classe respeitava e fazia as crianças se sentarem direito, e todas permaneciam na escola. Mas os liberais demitiram os professores antigos e trouxeram os substitutos — eles *são* os substitutos — e as crianças estão fazendo tudo o que querem: jogando bolas de papel, fazendo desenhos indecentes e fofocando no fundo da sala. O caos, como aprendem os alunos do terceiro ano, é a consequência natural da perda de autoridade. A Igreja, a religião organizada, a autoridade dos pais, a família nuclear estável e heterossexual, uma nação homogênea reconhecível com uma herança cultural comum, o próprio respeito pela lei — todas essas coisas foram destruídas ou desmoralizadas pelos liberais, e o que sobrou é vazio, inadequado e deixa um rastro de desespero: conquistas e compras na Amazon para os privilegiados; desesperança eterna e morte por opioides para o resto. A ordem significativa depende da autoridade. A ideia liberal de que a ordem é sempre mutável ou emergente de alguma forma misteriosa é apenas uma mentira clemente destinada a encobrir o hedonismo liberal. A crítica direitista insiste que faremos coisas ruins se não tivermos uma autoridade estável. O argumento mais sutil acrescenta que não seremos capazes de experimentar coisas boas sem uma autoridade estável. O caos também é inimigo do prazer.

Existem três tipos básicos de ataques autoritários mais extremos ao liberalismo. Por questão de simplicidade, vamos chamar seus adeptos de autoritários triunfalistas, autoritários teológicos e autoritários trágicos — e com o entendimento claro de que eles se cruzam e se misturam de muitas maneiras intrincadas. O primeiro ataca a fraqueza liberal; o segundo, o materialismo liberal; o último, a arrogância liberal.

Os triunfalistas oferecem o tipo mais familiar de autoritarismo de direita, tanto que muitas vezes apenas o identificamos como *sendo* o autoritarismo de direita. É baseado na crença de que as dimensões mais cruciais da vida são a fraqueza e a força, e que os liberais são incuravelmente *fracos*. Eles estão muito preocupados com a compreensão empática de seus inimigos para assimilar as regras permanentes de poder. Fazem maus negócios com os inimigos e permitem que o luxo abale sua virtude. (Uma das originalidades da atual corrente de autoritarismo triunfalista, de

Berlusconi a Trump, é que seus chefes tendem a ser exemplos de luxo decadente, em vez de críticos.)

Uma reverência exagerada pelos militares é a assinatura do valentão triunfalista — exagerada porque raramente tem muito a ver com as preocupações genuínas de soldados e oficiais, que querem mais dinheiro, mais planejamento e menos desfiles. Em geral, os valentões no poder gostam mais de assistir, saudar e ser saudados do que de entender o que os soldados realmente fazem.

Acima de tudo, os autoritários triunfalistas insistem que a força organizadora da vida é a nação — o povo, o clã, o *volk*, o grupo étnico privilegiado, nossa tribo. A conservadora constitucional é uma patriota devotada ao seu país. Mas ela não se sente vitimizada por ter vizinhos com diferenças amistosas. Para o autoritário triunfalista, o teste da nossa tribo é o domínio dela sobre as outras. A única maneira real de julgar uma sociedade não é em termos de cultura, ou mesmo de prosperidade, mas simplesmente em termos de poder. Um país pode ser rico, livre — e humilhado. Isso é *muito* pior do que ser pobre e orgulhoso.

A ideologia do triunfalismo autoritário é *sempre* hostil ao que os liberais chamam de Estado de Direito. Os triunfalistas realmente não acreditam na igualdade de tratamento ou no jogo limpo. Eles acreditam na dominação — quem quer que vença, governa. Derrote seus oponentes antes que eles ganhem de você. É por isso que, historicamente, os valentões triunfalistas odeiam o liberalismo e os liberais muito mais do que os outros tipos de autoritarismo. (Solzhenitsyn escreveu uma vez, com incrível perspicácia, que o único homem em quem Stalin confiou foi Hitler — sem dúvida, sua descrença e seu choque quando Hitler previsivelmente o traiu em 1941 parecem sugerir que isso é verdade.)

Neste ponto, convém fazer alguns alertas sobre as *causas* da recente ascensão do populismo e do autoritarismo de estilo gângster na Europa e nos Estados Unidos. Tentei esboçar algumas ao falar sobre o que aconteceu com Akron, mas a verdade mais simples, assustadora e importante é que um ou outro tipo de autoritarismo triunfalista tem sido a condição-padrão de governo em quase toda a história humana. Um rei, chefe ou cacique alcança o poder tendo sucesso na guerra, ou herda seu poder de algum ancestral que venceu sua própria disputa, ou encontra um caminho demagógico para o poder. Essa não é uma característica especial de uma ou outra era. A política tirânica e ditatorial, em sua forma mais simples, constitui a história da humanidade. Portanto, em vez de procurar as circunstâncias especiais que a fazem ascender (ansiedade econômica? preconceito racial?), devemos aceitar a verdade de que ela *sempre* pode ascender, de que a tentação de uma sociedade autoritária fechada está permanentemente presente nos assuntos humanos, e de que a verdadeira questão não é o que a desencadeia, mas o que, por breves períodos da história, *evitou* que ela se instalasse.

O mais surpreendente e assustador sobre o triunfalismo valentão é como ele pode ser tosco e ainda assim bem-sucedido — desvinculado de um líder tradicionalmente carismático, uma figura de força, atrevimento e ousadia, de realizações militares. (Como Philip Roth observou no final de sua vida, Charles Lindbergh foi, pelo menos, um herói genuíno, enquanto Donald Trump nem mesmo é um empresário competente.) Muitos grandes pensadores no século XX tentaram explicar a ascensão e o domínio do líder autoritário. Contudo, em retrospecto, o mais surpreendente não é a força de sua ideologia, mas a desproporção entre sua inteligência e sua perversidade. Uma das coisas que contribuem para uma falsa segurança na mente liberal a respeito do autoritarismo

MILHARES DE PEQUENAS SANIDADES

triunfalista é o quanto suas personificações podem parecer insignificantes e quão ridículas e triviais muitas vezes são suas ideias norteadoras. É tudo parte tuítes idiotas e parte palhaçadas ao estilo de Berlusconi, e quem poderia ser mais claramente um zé-ninguém do que Nigel Farage?

Agora farei algo que não se deve fazer. Mencionarei Hitler e os nazistas. Dizem que devemos evitar citar Hitler e muitas vezes nos referimos à lei de Godwin, que insiste que, mais cedo ou mais tarde, todo debate na internet se rebaixará a uma pessoa chamar a outra de nazista — uma verdade que, por sua vez, foi rebaixada à insistência de que nunca devemos mencionar os nazistas em um debate. (O próprio advogado Mike Godwin rejeita *esta* ideia.) Podemos ir além: devemos *sempre* citar Hitler e revisitar constantemente a história da ascensão do nazismo, não porque todo autoritário de direita se assemelhe a ele, mas porque, se não examinarmos a fundo e com frequência — se não *lembrarmos* — o fato de alguém tão claramente de segunda categoria ter conseguido assumir o controle de uma nação moderna e conduzido não só ela, mas o mundo, à catástrofe, também não seremos capazes de combater linhagens inferiores desse agente infeccioso. As pragas começam com ratos e pulgas. Precisamos ficar de olho neles.

Muitas pessoas dirão que Adolf Hitler tinha planos grandiosos para conquistar o mundo. Na verdade, qualquer um que se sente para ler seu livro, *Minha Luta*, ficará surpreso ao descobrir que não é um plano de ação, e sim um levantamento de queixas. Hitler, que suspeitamos ter sido um perdedor amargurado, invejoso e traumatizado, se apresenta exatamente assim. Seus ressentimentos estão sempre presentes. Seu pai era obtuso, cruel, rancoroso e sombrio; escolas de arte o rejeitaram repetidas vezes. O ressentimento mesquinho e as decepções não atenuadas queimam em cada página, de maneiras que se pensaria mais desmoralizantes do que inspiradoras para seguidores em potencial.

No entanto, essa sensação generalizada de ressentimento ecoava nitidamente naqueles que o vivenciam como uma emoção central em suas vidas. Por mais repulsivo, deplorável e pouco inspirador que o livro pareça agora para qualquer leitor, a questão de ter sido insultado e desrespeitado pela elite e abandonado para sofrer toda indignidade da vida ressoou em toda uma classe social na Alemanha pós-Primeira Guerra Mundial. Até mesmo o ódio de Hitler aos judeus carrega tanto traços de rancor pessoal quanto de ideologia "científica" ou racial. (É notável que seu antissemitismo em *Minha Luta* está enredado em sua francofobia. Os judeus são como os franceses; são, em bom português, as pessoas que recebem ajuda dos pais para frequentar escolas de arte.)

O autoritarismo triunfalista está invariavelmente enraizado não em um programa real de renovação nacional, mas em uma sensação primitiva de humilhação, mesmo que em retrospecto as humilhações possam muitas vezes parecer mínimas. O medo do escárnio e de ser ridicularizado era tão forte em Hitler que ainda preenchia seus discursos até seu momento de máximo poder, quando iniciou a Segunda Guerra Mundial. Os judeus e os ingleses estão rindo de mim e não terão permissão para isso por muito mais tempo! Pequenos fracassos, pequenas rejeições — ser ridicularizado em um banquete ou rejeitado por uma escola de arte — geram grandes percepções de vingança. Algumas coisas horríveis acontecem em razão de grandes ideias, mas outras igualmente terríveis acontecem em razão de pequenas humilhações.

O segundo tipo de autoritarismo é menos poderoso na prática contemporânea, mas muito mais impressionante intelectualmente. Podemos chamá-lo de autoritarismo teológico ou, às vezes, teísta. Seus praticantes dizem que sim, precisamos de autoridade, mas ela não deve ser oriunda dos seres humanos. O grande líder é um falso profeta. Precisamos da autoridade e da glória de Deus. Se reconhecermos a verdade da religião, seja do cristianismo, do islamismo ou qualquer outra, nossos problemas serão resolvidos. Não temos que aceitar os argumentos na ágora nem fazer uma escolha dentre potenciais tiranos, exceto na medida em que sejam homens de fé. Sabemos organizar nossa sociedade e nos comportar porque Deus nos disse o que fazer por meio de suas revelações. De todos os tipos de ordem que existem no universo, a divina é a mais bela e a mais essencial. Agir de forma indiferente a ela não é apenas uma política ruim, mas de uma arrogância horrível, a mesma dos súditos se imaginando como governantes.

Os autoritários teológicos odeiam o liberalismo não porque os liberais são fracos, mas porque parecem muito *firmes*, muito arrogantes e complacentes em sua negação da verdade divina. Mesmo que os liberais sejam individualmente religiosos, ainda são devotos do Estado liberal neutro, que trata Deus e seus blasfemadores da mesma forma, uma afronta diária à fé. Além do mais, os valores mais importantes reivindicados pelo liberalismo — compaixão, simpatia, bondade —, na verdade são emprestados, se não roubados, da religião. São valores cristãos (ou talmúdicos ou corânicos) importados para a doutrina liberal como o único meio de evitar que seu materialismo estúpido fique muito evidente. Os religiosos assumem esses valores de forma sólida na fé; os liberais os tomam frivolamente por empréstimo. O liberalismo carece de senso de revelação, e como os seres humanos trabalham por revelação, e não pela razão, ele sempre será inadequado para nossa condição.

O liberalismo é hedonista ao rejeitar qualquer valor maior do que o prazer material, e niilista ao negar qualquer esperança de uma vida após a morte maior do que passar as dívidas para os filhos.

A religião organizada nos Estados Unidos, no geral, concorda com a democracia liberal, mesmo que de forma relutante. Tanto que tendemos a esquecer o quanto lutou contra ela e por quanto tempo. A Igreja Católica Romana, em parte porque seu poder e dogma são exclusivamente centralizados, liderou essa luta ao longo do século XIX, insistindo que as ideias liberais — liberdade de imprensa e de expressão, pluralismo de partidos, muito menos credos — eram abomináveis. Até a Igreja Anglicana, que agora aparenta ser apenas vigários e causas liberais benevolentes, era vista como um dos principais inimigos do sufrágio feminino: as sufragistas incendiaram igrejas paroquiais e bombardearam a Abadia de Westminster.

O autoritarismo teológico verdadeiramente no poder hoje está amplamente confinado ao mundo muçulmano. O Irã, por exemplo, é governado dessa forma. Mas como um conjunto de ideias — como uma espécie de chamado superior —, permanece potente e presente, flexionando o discurso e a prática tanto dos conservadores constitucionais quanto, de forma mais oportunística, dos autoritários triunfalistas.

No entanto, existe uma tradição mais do que honrosa de autoritarismo teológico, de antiliberalismo de base religiosa, que não precisa tender para o Irã ou para a Inquisição. Considere, em vez disso, o modelo mais atraente e sedutor de autoritarismo teológico, como encontramos nas obras dos melhores escritores religiosos do século passado. O escritor e palestrante — e posteriormente católico romano — inglês do início do século XX G. K. Chesterton foi um dos mais originais, e de longe o mais espirituoso, dos dissidentes religiosos da imaginação liberal. Insatisfeito com um modelo

MILHARES DE PEQUENAS SANIDADES

de vida meramente parlamentar, ele reuniu uma mistura poderosa e encantadora de neomedievalismo e nostalgia católica, e descreveu um mundo mais puro de sentimento espiritual elevado do que o do materialismo que viu ao seu redor na Inglaterra eduardiana. Sabemos por experiência própria que as coisas que nos inspiram não são, por assim dizer, esperar na fila de uma cabine de votação, mas momentos espontâneos de exaltação e iluminação. Tentar encontrar significado em projetos de reforma diligente pode parecer cômico. Liberais fervorosos e bem-intencionados podem ficar obcecados por sua causa mais atual — por volta de 1900, era antivivissecção ou vegetarianismo, enquanto, hoje em dia, o mesmo tipo de pessoa seria obcecada por estereótipos de gênero ou, bom, vegetarianismo (nem tudo muda) —, mas, enquanto buscam suas reformas, perdem completamente a centelha exaltada e o mistério da vida. A vida racional é limitada e sem cor; apenas a irracional abre uma brecha de luz para a eternidade.

"A razão é sempre uma espécie de força bruta", escreveu Chesterton em um de seus incomparáveis aforismos. "Aqueles que apelam para a cabeça e não para o coração, por mais insípidos e respeitosos que sejam, são necessariamente homens violentos. Falamos em 'tocar' o coração de um homem, mas não podemos fazer nada com sua cabeça a não ser bater nela." Em outro, ele ofereceu a afirmação mais clara da reclamação do autoritarismo teológico: "O homem pode concordar com o fato de que a Terra gira em torno do Sol. Mas não importa nem um pouco se ela gira em torno do Sol ou das Plêiades. Entretanto, ele não consegue concordar sobre morais: sexo, propriedade, direitos individuais, estabilidade e contratos, patriotismo, suicídio, hábitos coletivos de saúde — é exatamente sobre isso que o homem tende a brigar. E são precisamente essas coisas que devem ser estabelecidas de alguma forma em princípios estritos. Estude cada uma delas e você descobrirá que cada uma sem dúvida remete a uma filosofia, provavelmente a uma religião." Sem uma autoridade derivada de Deus, em última análise, temos uma mera disputa de relativismo. Sem uma ordem divinamente estabelecida, temos anarquia.

Embora não abarque necessariamente a ordem autoritária, essa linha mais inteligente de dissidência religiosa das normas liberais insiste que as esperanças excessivas que o liberalismo investe em programas de razão e reforma são uma medida inadequada para a extensão real do anseio humano. Ninguém em seu leito de morte parou para pensar na importância do sistema de saúde, mesmo que ele estivesse tornando seus últimos dias melhores. O âmbito de assuntos sobre os quais as questões de governo, boas e más, conseguem se relacionar a nós é extremamente limitado.

O curioso sobre os livros desta tradição de mentalidade divina é que, embora sejam sempre escritos ostensivamente em resposta a uma circunstância muito específica (a terrível condição espiritual da França em 1905, a crise moral dos Estados Unidos em 2018), sempre dizem *exatamente* as mesmas coisas e propõem precisamente a mesma cura. Patrick Deneen, cientista político da Universidade de Notre Dame, há pouco tempo produziu uma obra apaixonada e influente intitulada, sem rodeios, *Por que o Liberalismo Fracassou?* Chesterton foi um aforista inspirado, enquanto Deneen escreve em uma versão academicista norte-americana. Porém, é possível incorporar por completo uma crítica à outra. Embora a doença que anunciam seja sempre nova e fatal se não for tratada, a receita nunca muda. É sempre, basicamente: "Dê-me aquela religião antiga, em especial aquela com um grande chapéu branco."

A reclamação recorrente é que o liberalismo é atomizador. Ele honra o indivíduo antes do divino. É inerente, enganador e incuravelmente dividido contra si mesmo: ele finge honrar a autonomia e a liberdade, mas impõe a escravidão ao mercado e ao prazer material. Você vende a sua alma por compras em um clique.

Para Deneen, a "liberalocracia" reinante de nosso tempo glorifica a busca individual por prazer e poder em um grau insano, criando uma minúscula elite de poderosos e uma vasta população de alienados. "A família liberalocrática se apoia em laços geracionais frouxos, credenciais portáteis, a herança de riqueza fungível e a promessa de mobilidade." (Talvez você diga que isso, de fato, soa mais ou menos como nossa família, fora toda a riqueza herdada. Deixando de lado a herança — muito de lado —, realmente *não* é muito distante do que observamos sobre nós mesmos naquele restaurante persa em Manhattan.)

O liberalismo propõe um mundo de tão pouca autorrealização que naturalmente aliena todos, exceto o pequeno grupo de egoístas que beneficia, e mesmo eles, em geral, são infelizes. Esta linha de ataque afirma: se olharmos para os pensadores liberais importantes, encontraremos uma linha reta entre sua exortação à "autorrealização" e a oferta de prazeres cada vez mais vulgares e meramente materiais. A instrução de John Stuart Mill para realizar-se plenamente foi apenas um "liberalismo de estilo de vida" e sua orientação para buscar a autorrealização, um caminho direto para o Pornhub. Depois de eliminar os padrões divinos fixos, resta apenas o oportunismo, o hedonismo e a anarquia. Algumas pessoas muito espertas e astutas podem se dar bem em um mundo tão sem amarras, mas a grande parte da humanidade é arrasada por ele. Para cada jovem que entra em uma universidade da Ivy League e se junta à liberalocracia, há uma centena afetada, de uma forma ou de outra, pela epidemia de opioides. O populismo se torna uma reação compreensível contra essa destruição liberal de comunidades que antes buscavam o céu ou os textos sagrados por sua ideia de ordem.

Obviamente, como todos os moralistas, o moralista católico prospera por não observar muito de perto as pessoas para quem prega a moral, que tendem a ter consciências morais muito mais complicadas do que esse relato permite. No entanto, o cerne da reclamação é significativo — analisar essa percepção mais ampla nos ajuda a escolher lados não apenas em controvérsias morais óbvias, como o aborto, mas (Deneen é direto quanto a isso) também em outros frutos da ordem liberal, como o casamento gay, o sexo antes do casamento e até mesmo o uso generalizado de anticoncepcionais, o que possibilita o sexo antes do casamento. A raiva é frequente demais para ser desconsiderada. Por vozes diferentes, mas quase sempre com as mesmas palavras, somos informados de que o liberalismo só tem sucesso em um mundo "despojado de costumes e dos tipos de instituições que transmitem normas culturais, responsabilidade habitual e virtudes comuns cultivadas". Esse tipo de sucesso só deve ser chamado de fracasso.

Essa crítica à mentalidade religiosa, deve-se dizer, não surge apenas da direita, necessariamente. O filósofo canadense contemporâneo Charles Taylor, embora tão longe de ser politicamente de direita quanto é possível imaginar — ele concorreu várias vezes ao Parlamento do Canadá como um social-democrata pelo Novo Partido Democrático —, é o crítico mais convincente ao secularismo militante do liberalismo e à incapacidade do mero hedonismo individualista e procedimental de satisfazer nossa necessidade de significado compartilhado. (Frequentei a Universidade McGill em Montreal, para a qual ele virou um adorno, e seus muitos filhos, presumivelmente produtos da virtude católica, muitas vezes se misturavam aos meus muitos irmãos, produtos do secularismo judaico.)

Um liberal poderia dizer que saber quem eu sou é, como acontece com um herói de comédia musical no primeiro ato, saber o que eu *quero* — o que me atrai, o que desejo. O que Taylor quer dizer é que saber quem eu realmente sou é saber *onde* estou — como estou posicionado em um contexto social que não criei e que não posso controlar. "Minha identidade é definida pelos compromissos e pelas identificações que oferecem a moldura ou o horizonte dentro do qual posso tentar determinar caso a caso o que é bom, o que é valioso, o que deveria ser feito, o que endosso ou a que me oponho." O liberalismo, nesta visão diferente, nos impulsiona a maximizar nossa utilidade. "Não é apenas o fato de que as pessoas sacrificam seus relacionamentos amorosos e o cuidado com os filhos para seguirem suas carreiras. Algo assim talvez sempre tenha existido. A questão é que hoje muitas pessoas se sentem *impelidas* a fazer isso, sentem que devem fazê-lo, que suas vidas seriam, de alguma forma, desperdiçadas ou não realizadas se não o fizessem." Como Taylor nos diz, todos nós sentimos um "profundo mal-estar com a ideia de que as fontes de benevolência deveriam ser apenas egoísmos esclarecidos, ou simplesmente sentimentos de simpatia. Isso parecia negligenciar por completo o poder humano de autotranscendência, a capacidade de ir além do desejo relacionado a si mesmo e seguir uma aspiração mais elevada".

Mesmo na revolta mais progressista de Taylor contra o secularismo liberal, sempre sente-se a necessidade de algum horizonte definitivo de realização que seja maior do que o acordo social temporário de compra e venda de mercadorias entre os indivíduos, incluindo coisas como diplomas universitários. As coisas boas da vida são lindas e podem ser compradas, mas as melhores são gratuitas e oferecidas livremente. O secularismo liberal drena o significado do mundo, reduzindo nosso desejo pelo mais elevado e o máximo a um mero desejo por *mais.*

Esse extremo mais filosófico da rejeição religiosa do liberalismo nos leva finalmente a um credo de direita menos visível, embora mais profundo à sua maneira, não necessariamente teísta ou mesmo religioso, que podemos chamar de autoritarismo trágico. É o autoritarismo de um de meus heróis intelectuais, um homem de quem já falamos e que amo: o jornalista e filósofo do século XVIII, Samuel Johnson. Ele achava que a vida era muito triste para ser curada pela política. Mesmo o bom governo terminou em morte. É uma forma de ataque ao liberalismo que também podemos encontrar nos chamados straussianos, seguidores do filósofo clássico judeu norte-americano Leo Strauss. Para esse tipo, o passado não é um lugar a ser desconsiderado e descartado, superado e subestimado. O passado é, na verdade, a única coisa que temos.

O principal inimigo do autoritarismo trágico não é o secularismo liberal como tal, mas o *progressismo* liberal. Autoritários trágicos acham que o liberalismo não é nem muito brando nem muito rigoroso, mas muito bitolado e convencido. O liberalismo é culpado por sua enorme arrogância. Depositar nossas esperanças na melhoria material ou no avanço social, ou mesmo na reforma igualitária, é ridículo. Nossas vidas são cheias de perdas, doenças, miséria e enfermidades e, mesmo quando melhoradas pela reforma, terminam na mesma mortalidade em comum. As questões humanas centrais eram tão evidentes para os antigos quanto para nós, e eles discutiam sobre elas com mais honestidade. O liberalismo zomba de um passado que mal compreende. Dada a brevidade de nossas vidas e a incerteza de nossas conquistas, é difícil acreditar que mesmo um esgoto melhor será de muita ajuda. É por isso que o Dr. Johnson intitulou um de seus poemas como "A Vaidade dos Desejos Humanos". Precisamos investir não em programas inúteis de aprimoramento material, mas no treinamento para o autorreconhecimento.

MILHARES DE PEQUENAS SANIDADES

Esse não é um posicionamento com o qual muitos políticos atuantes concordariam, ou mesmo que compreenderiam. Mas ajuda a explicar o *silêncio* frequentemente observado de alguns intelectuais conservadores a respeito de líderes autoritários — e sua busca por uma política "heroica" fora da isenção liberal. Martin Heidegger foi atacado de forma violenta por ter mudado de lado e ingressado no Partido Nazista no início dos anos 1930. Um leitor atento de Heidegger, o que não é meu caso, insiste que, embora seja um erro ver uma conexão entre seus escritos filosóficos e o nazismo, é verdade que seu senso agudo da crise diária da existência o deixou impaciente com a política parlamentar normal e sua perigosíssima anestesia.

O autoritarismo triunfal, particularmente nos Estados Unidos, é com frequência um movimento anti-intelectual — aquelas malditas elites com suas malditas *ideias*. Mas quando é aliado a esse sentido trágico mais amplo de limites ignorados de forma tola, sobretudo dos limites da razão, pode se tornar intelectualmente sério, até mesmo impressionante.

Enquanto nos Estados Unidos a nova direita, ou direita alternativa (também chamada de *alt-right*), tem uma qualidade amplamente infantil e dissimulada, nos últimos anos, uma eflorescência da literatura da Nova Direita na Europa uniu uma antiga linha antirracionalista, trágica e fatalista da filosofia europeia a uma tendência de ódio vingativo ao liberalismo contemporâneo. As linhas desse tipo de raciocínio vão desde Heidegger e outros filósofos antirracionais do início do século XX até pensadores como Aleksandr Dugin, o filósofo da casa do regime de Putin, conhecido também como o cérebro de Putin. (Ninguém foi nomeado, até agora, como o de Trump.)

A ferocidade da reclamação não deriva apenas de Heidegger, mas também de pensadores de direita intransigentes anteriores, como Julius Evola, que estava à extrema direita de um modo completamente louco que era demais até mesmo para os nazistas. Alain de Benoist, o líder da Nova Direita na França, em seu manifesto pelo movimento, resume a crítica geral com clareza assustadora. Existe a base do clã da comunidade: "As comunidades são constituídas e se mantêm com base em quem pertence a elas. Basta ser um membro. Há uma reciprocidade vertical de direitos e deveres, contribuições e distribuições, obediência e assistência, e uma reciprocidade horizontal de dons, fraternidade, amizade e amor." E quando diz que "basta ser um membro", ele declara a crença essencial do clã: não é preciso ganhar seu lugar passando por algum teste meritocrático. Sua existência como "um de nós" o faz sentir-se em casa aqui. De Benoist escreve que a "Nova Direita afirma a primazia das diferenças, que não são características transitórias que levam a alguma forma superior de unidade nem aspectos incidentais da vida privada. Em vez disso, essas diferenças são o próprio fundamento da vida social. Elas podem ser nativas (étnicas, linguísticas), mas também políticas". As diferenças étnicas, entre países e entre clãs, não devem ser suprimidas, mas privilegiadas, celebradas. Uma unidade europeia ideal não seria entre países anestesiados pelo "universalismo" liberal, e sim entre nações que aprenderam a respeitar as identidades étnicas, raciais, religiosas e culturais nitidamente diferentes umas das outras. A razão liberal, nessa visão, é a inimiga perpétua da comunidade. Os liberais usam a razão para afastar você de sua identidade.

Aqui, também, os artistas trazem uma percepção melhor do que os polemistas. Alguma versão da crítica de De Benoist também está no cerne das crenças do muito popular (e escandaloso) romancista francês Michel Houellebecq, certamente o escritor do momento na Europa, se é que isso existe. No romance que o tornou famoso, *Partículas Elementares*, Houellebecq propôs que uma sociedade com uma devoção irrestrita tanto ao liberalismo no sentido econômico quanto ao libertinismo no sentido erótico acabaria levando a uma oscilação mais ou menos compulsória entre, bem, transas e finanças, na qual banqueiros literalmente quebrariam a coluna no ato de fazer sexo pela centésima vez naquele dia. A sátira parecia ridiculamente pesada e exagerada — e então apareceu Dominique Strauss-Kahn, o ex-diretor do Fundo Monetário Internacional e um homem com um apetite sexual tão compulsivo que conseguiu, no breve tempo entre um jantar com sua filha e o embarque em um avião, arranjar quinze minutos para fazer sexo com uma completa estranha. Apenas Houellebecq poderia, por assim dizer, ter imaginado D. S. K.

O romance mais recente (e mais infame) de Houellebecq, *Submissão*, sobre uma tomada islâmica da França, é supostamente uma história de alerta anti-islâmico. Mas na verdade é um relato admirável da militância islâmica, vista como uma alternativa plausível às formas viciadas do liberalismo moderno. *Todos* os porta-vozes mais eloquentes do livro são religiosos e a favor da teocracia. A disputa do século XX, explica o narrador, foi entre dois humanismos fracassados — o humanismo rigoroso do comunismo e o humanismo brando do capitalismo liberal, cada um, a seu modo, "terrivelmente reducionista".

Houellebecq é um satirista e é mais complicado do que sugere qualquer síntese extremamente cuidadosa. Mas não devemos desconsiderar que ele capturou uma veia forte e inteligente do sentimento sobre o liberalismo hoje. A sensação de perda de identidade, de fé e de significado em si causada pelo liberalismo é claramente um sentimento poderoso e existente na Europa. Esse é o maior extremo do ataque da direita — mas a história mostra que o maior extremo sempre encontra um jeito de se tornar o extremo de vanguarda mais cedo do que podemos imaginar.

Podemos pensar nisso como uma revolta contra a razão, mas o que estamos vivendo é uma revolta contra a razão *liberal*, um tipo de razão que reduz toda diferença a uma "marca"; todos os laços de sangue, a uma fraude arcaica; e toda diferença, a uma dificuldade arcaica. Nessa visão, os grandes projetos universalistas do liberalismo do final do século XX — a União Europeia, por exemplo — são exemplos clássicos da loucura do raciocínio liberal. Eles substituem ideias abstratas absurdamente grandiosas pela sabedoria trágica da experiência vivida e acabam oferecendo aos seus cidadãos nada pelo que viver, apenas uma moeda corrente — e, neste caso, uma moeda com uma imagem niilista de coisa nenhuma em sua face, todas aquelas notas de euro sem heróis e heroínas nacionais para decorá-las, apenas pontes sem nome que levam a lugar nenhum.

O que o liberal pode dizer em resposta a todos esses ataques?

Primeiro, que o ataque comunitário mais amplo ao liberalismo depende de uma imagem muito falsa daquilo que os liberais sempre acreditaram, ou do que os liberais no poder de fato fizeram, para o bem ou para o mal. A ideia de que o liberalismo é estritamente dedicado apenas aos direitos individuais e à busca do bem-estar material egoísta é uma caricatura com pouca conexão com as ideias ou práticas liberais.

Se analisarmos todos os textos liberais clássicos e, mais importante, as verdadeiras práticas políticas históricas do liberalismo, veremos imediatamente que todos têm uma ideia poderosa de coletividade e comunidade em seu cerne. Adam Smith não é Ayn Rand. Smith acredita que a simpatia de uma comunidade, deixando de lado as terríveis rixas de clãs, é o prelúdio necessário para as trocas de livre mercado. Como Habermas e Putnam nos mostraram, cada um à sua maneira, as práticas liberais *políticas* dependem das práticas liberais *sociais* — a Declaração dos Direitos do Homem começa com uma conversa em um café, e a democracia local tem uma chance melhor de triunfar na Itália quando grupos de ópera amadores cantam primeiro.

Todos os grandes pensadores liberais, cujo arco comum venho tentando descrever, começaram refletindo sobre as relações, sobre o que acontece quando as pessoas se reúnem e quais obrigações elas têm umas com as outras. Ao refletir sobre a compaixão, Montaigne não considerou apenas a vida interior; ponderou sobre o que acontecia aos animais quando os homens iam caçá-los em grupos e o que acontecia com as mentes dos homens depois que matavam os animais. John Stuart Mill e Harriet Taylor não se opunham aos deveres da vida familiar. Pelo contrário: privaram-se de começar uma família porque queriam mostrar respeito pela vida familiar que Taylor já tinha. Apenas achavam que a vida familiar deveria ser mais justa para todos na família. O que é chamado de individualismo liberal sempre surge de um contexto presumido de conectividade.

De forma mais concreta, todos os grandes políticos liberais de meados do século XIX que ajudaram a transformar o liberalismo de uma antiga ideia de generosidade e cultivo em uma prática política efetiva estavam enraizados no projeto de reforçar os laços comuns. As revoluções liberais daquela época foram *unificadoras*, reunindo diferentes grupos étnicos sob o guarda-chuva comum de uma nação. Pensamos no nacionalismo moderno como um veneno divisor, mas, no século XIX, o nacionalismo liberal era inerentemente patriótico no sentido moderno, uma forma de ir *além*

POR QUE A DIREITA ODEIA O LIBERALISMO

das cisões entre as pessoas para criar nações. Dentre muitos, um [*ET pluribus, unum*].

Esse tipo de liberalismo estava extremamente preocupado em construir comunidades coerentes entre linhagens étnicas. Um exemplo comovente, mas pouco conhecido na América, ocorreu em 1849, quando Robert Baldwin, o líder protestante do Alto Canadá, hoje Ontário, e Louis-Hippolyte Lafontaine, o líder de um Quebec quase exclusivamente católico, então chamado Baixo Canadá, uniram-se contra uma multidão anticatólica em Montreal, tanto pela unidade nacional quanto pelos direitos liberais. Eles tinham todos os motivos para se dividir em duas tribos guerreiras, mas Lafontaine e Baldwin desafiaram a furiosa multidão de falantes da língua inglesa, unindo-se para demonstrar que a unidade nacional era possível em uma base de dupla etnia e até religiosa. A partir dessa demonstração não violenta, mas estoicamente determinada, nasceu a nação canadense. Lafontaine escreveu, de forma encantadora, que "[O Canadá] é a nossa pátria, pois deveria ser a pátria adotada pelas diferentes populações que vêm de diversas partes do globo... Seus filhos deveriam ser, como nós, e acima de tudo, canadenses. Além da igualdade social, precisamos de liberdade política. Sem ela, não teremos futuro; sem ela, nossas necessidades não podem ser satisfeitas... Esses valores são mais fortes do que as leis, e nada do que conhecemos irá enfraquecê-los".

Igualdade social e liberdade política — uma depende da outra. O Canadá tem sido chamado de nação liberal modelo e certamente sua perpetuidade depende de um Estado liberal neutro. Às vezes é surpreendente, até para um canadense bilíngue como eu, ver avisos bilíngues em todos os projetos que envolvem o governo federal, mesmo em lugares onde há cada vez menos falantes de francês. Mas a questão não é promover a neutralidade como uma virtude em si mesma. Em vez disso, essas práticas surgem da compreensão de quantas paixões reinam em uma nação e do desejo de permitir que elas fervilhem sem destruir os alicerces.

O nome de Léon Gambetta é pouco conhecido fora da França, mas ele também foi um grande liberal fundador que entendeu que a unidade, e não a mera coalizão, era uma causa republicana. O estabelecimento da Comuna de Paris em 1871 levou ao confronto mais sangrento possível entre monarquistas reacionários e comunistas radicais. Ambos os lados cometeram atrocidades, as da direita mais sangrentas do que as da esquerda, pois tinham mais armas e oportunidades. A divisão na sociedade francesa parecia absoluta, violenta e fatal.

E, mesmo naquele momento, não era necessário ver o futuro da França de uma forma permanentemente polarizada e autoaniquiladora. Gambetta, filho de um dono de mercearia comum, fugiu do cerco prussiano para Paris em um balão — juro por Deus, um balão — e, em seu retorno, acabou capitaneando um grupo político que se autodenominava Republicanos Oportunistas. Certamente nenhum movimento político na história já carregou um nome menos inspirador, mas sua ideia central era sensata: que o futuro da esquerda estava com coalizões de diferentes estamentos, pequena-burguesia, campesinato e proletariado misturados, não com uma comuna representando apenas um e comprometida consigo mesma. Gambetta convenceu a esquerda responsável a abraçar o republicanismo legislativo com determinação, não por medo, mas por sabedoria: a única maneira de manter uma verdadeira revolução no aumento de direitos e proteções era reconhecer que rejeitar a legitimidade da oposição só poderia resultar em violência. Jean Jaurès — um dos fundadores do Partido Socialista Francês e o maior herói populista de esquerda que a França já produziu — abraçou a república e todas as suas exaustivas manobras parlamentares, porque compreendeu os custos inimagináveis que uma nova guerra civil traria. Era preciso fazer oposição à direita, não eliminá-la.

Foi o mundo construído penosamente com as ruínas da Comuna de Paris pelos republicanos radicais na França que Manet e seus seguidores retrataram em algumas das imagens mais comoventes da silenciosa alegria doméstica — e da explosiva alegria urbana — já pintadas. Como os impressionistas nos lembram, o Estado neutro, a cidade plural, que o liberalismo constrói nunca é emocionalmente neutro. Ele reluz.

Embora a criação de uma comunidade seja indispensável para o ideal liberal, o sonho conservador da identidade de clã é, em si, uma espécie de unicórnio. Nações e tribos não são iguais e clãs não são comunidades. O ponto alto da história do grande clã na mesa ao nosso lado naquele restaurante persa era que o grande clã armênio que tínhamos invejado e admirado era, na verdade, a família de Vartan Gregorian, o ex-presidente da Universidade Brown. O que do outro lado do salão parecia um mundo de clã mais puro e não corrompido era, na verdade, tão cosmopolita quanto o nosso.

Essa é uma instância comicamente extrema e muito específica de Manhattan. Entretanto, sempre que examinamos comunidades supostamente orgânicas, elas se revelam mais complicadas do que parecem — e mais cautelares do que acreditam os comunitaristas de direita. Como os fugitivos nos contam, essas comunidades podem ser severamente limitantes. (*Era Uma Vez um Sonho* foi escrito por alguém que tinha se distanciado, e as memórias de Chrissie Hynde de Akron foram escritas em segurança, longe de Ohio.)

O apelo à comunidade orgânica perdida, seja em seu rigoroso militarismo espartano, seja em uma fé medievalista mais desvanecida, é tão esmagador que se repete sem parar. Na Atenas antiga, a identidade de clã e a sociedade fechada de Esparta atraíam os aristocratas fartos de uma democracia confusa e, depois, no século XIX, o sonho de uma Atenas implacavelmente elevada (e homoerótica) era muitas vezes atraente para aristocratas ingleses fartos de sua própria democracia popular invasora e confusa. Sempre queremos aquele outro lugar fixo e estável. (Os estetas, via de regra, só conseguem viver em uma sociedade aberta desde que sempre sonhem com uma fechada.)

Mas podemos afirmar, de forma categórica e correta, que um lugar tão bom não existe e jamais existiu — é um país povoado inteiramente por unicórnios. Invariavelmente, toda a noção de que existe um mundo de clã ou fé não corrompidos é falsa. Sempre que vamos examinar de fato aquela sociedade mais orgânica que o liberalismo supostamente aniquilou, descobrimos que ela não era nem um pouco orgânica; era tão dividida e desconfortável quanto a nossa, e com regras mais mortíferas de exclusão social. (Como os Estados Unidos dos anos 1950 são, hoje, alvo de admiração e inveja nostálgica, ignorando a brutalidade contra os negros, o estado ainda subjugado das mulheres e a opressão dos homossexuais.)

Quando olhamos para um grupo com identidade de clã intocável, sempre há conformidade e um curso radical de eliminação daqueles que não se adequam. A ideia de uma comunidade orgânica, tradicional e fechada é irreal, porque pega o inevitável fato da variação humana e tenta liquidá-lo. Não é como se essas comunidades tenham predominado um dia e foram exterminadas pelo liberalismo moderno. As cidades antigas e medievais muitas vezes alcançavam uma rica prática de coexistência. Em Jerusalém, por volta do ano 1000, como uma exposição recente no Metropolitan Museum mostrou primorosamente, uma próspera mistura de transações e comércio entre judeus, cristãos e muçulmanos ocorreu de forma bastante intermitente. (Um único objeto, a chamada taça de Santa Edwiges, mostrou de forma encantadora como esse imbróglio ainda confunde os historiadores. Esse pequeno objeto, encontrado na Alemanha, era uma taça europeia imitando um estilo islâmico ou uma taça islâmica feita para um mercado europeu?) Não é tão difícil encontrar uma prática de cosmopolitismo, mesmo nas coisas do nosso dia a dia: evangelhos cristãos grafados em escrita árabe, inscrições em hebraico em astrolábios islâmicos, sobretudo a confusão de mercados e mercadorias. O objetivo do liberalismo é transformar o hábito humano de coexistência em um princípio de pluralismo, que medeia crises entre comunidades em vez de se render à matança mútua entre elas. No entanto, tudo isso terminou em massacre e contramassacre.

Nenhuma imagem real de um possível estado religioso emerge da direita religiosa, pois não há desejo real de criá-lo. As semiteocracias modernas estabelecidas — seja de forma agressiva, como no Irã; seja mais sombria, como na Espanha franquista; seja em um Estado dominado pela Igreja, como a Irlanda pós-independência — foram pouco inspiradoras, para dizer o mínimo. O autoritarismo teológico e o antiliberalismo na prática são, na melhor das hipóteses, enfadonhos e anuladores de vida (e, é claro, sua variante católica marcada por uma frequência incomum de estupro de crianças pelos líderes morais). E, portanto, os religiosos autoritários mais flexíveis ou alertas em geral insistem, aos resmungos, que aceitam ou até reverenciam instituições liberais — liberdade de expressão, eleições justas, igualdade das mulheres e afins —

mesmo enquanto continuam odiando o liberalismo, que originalmente deu à luz essas instituições.

Esta é, creio eu, a principal resposta liberal à reclamação comunitária que chega de políticos e filósofos conservadores: o liberalismo, na verdade, constrói e reforça laços comuns tanto quanto qualquer prática política. Na realidade, ele depende desses laços. Mas também reconhece a verdade de que uma sociedade fechada, de clã ou étnica, não pode ser concretizada, ou que a tentativa de concretizá-la envolveria coerção em uma escala que tornaria a afirmação forçada de uma identidade comum muito mais cruel do que sua extinção. Não existem "pessoas como nós". Assim que nos cercamos de pessoas como nós, começamos a ver o quanto algumas delas são diferentes, e o ciclo de exclusão e excomunhão recomeça.

O liberal também sabe que mesmo as categorias de identidade mais fixas e beligerantes revelam-se mutáveis. Podemos ver o quanto o conceito de "pessoas brancas" se expandiu para incluir judeus e católicos irlandeses, que em vários momentos recentes foram vistos como *inimigos* mortais da "branquitude"; não apenas como não brancos, mas antibrancos. O mesmo processo pode acontecer ao contrário: a nova direita nos Estados Unidos quer excomungar mais uma vez os judeus de sua branquitude recentemente adquirida, e já vimos como o governo Trump está desamericanizando os hispânicos, que há pouco tempo eram vistos como o termômetro da nova americanidade. As excomunhões em meio à multidão de "pessoas como nós" nunca terminam.

POR QUE A DIREITA ODEIA O LIBERALISMO

O que dizer dos ataques mais específicos às instituições liberais? O argumento liberal contra o autoritarismo triunfal envolve verdades sobre a história; contra o autoritarismo teológico, verdades sobre o pluralismo; e contra o do tipo trágico, verdades sobre, bem, a verdade.

O primeiro argumento vem da experiência. Essas sociedades que glorificam o militarismo quase sempre perdem guerras. Uma vez que tudo depende da preferência do chefe, a corrupção nessas sociedades não é acidental, mas inerente, e invariavelmente acaba promovendo apenas pessoas que dizem "amém" para tudo. Só a mediocridade aumenta, porque somente ela consegue fingir lealdade tão bem.

A verdade histórica é que as "fraquezas" do liberalismo sempre foram imaginárias. Em quase todos os confrontos entre sociedades liberais abertas e autoritárias fechadas, o Estado liberal triunfou. Em todos os casos, antes ou durante o conflito, o Estado liberal foi descrito, em geral por direitistas dentro dele, como fatalmente fraco, arruinado pela permissividade, minado pela dissidência, distraído pelo prazer material e sem disciplina, ordem e prontidão para o autossacrifício que um confronto com o inimigo organizado e regimentado exigia. Era muito fraco (e, com frequência, muito feminino) para lutar. Isso foi verdade na Guerra Civil Norte-americana, na Segunda Guerra Mundial, na Guerra Fria — no entanto, em todos os casos, a sociedade pluralista aberta triunfou sobre a fechada pela força combinada de exemplo cultural e avanço tecnológico.

Ou considere a guerra mais recente contra o terror, durante a qual foi (e ainda é, em alguns setores) reiterado, repetidas vezes, que os terroristas islâmicos tinham uma fé militante, uma autoconfiança, disciplina e crença que faltava às meras cidades liberais como Nova York. Essa é uma variante do argumento de

Houellebecq em *Submissão*. Dezoito anos após o 11 de Setembro, a cidade liberal se recuperou e se renovou, enquanto os jihadistas, como uma força "moral", parecem mais fracos do que nunca. Eles ainda parecem capazes de matar, mas não de inspirar.

Isso pode não acontecer *sempre*. Um Estado liberal pode perder uma guerra. (Os Estados Unidos perderam para o Vietnã do Norte.) Mas, como diria um bookmaker de corridas de cavalos, essa é a convenção — e não há razão para apostar contra ela. Um Estado autoritário, curvando-se à vontade de um tirano, invariavelmente se torna corrupto e estagnado. O grande filósofo liberal Karl Popper observou há muito tempo que também é quase impossível haver uma prática rica de qualquer ciência em uma sociedade fechada ou autoritária, ou qualquer crescimento real do conhecimento, uma vez que ele depende do uso livre da crítica — a única coisa que essas sociedades autoritárias não permitem. Não é por acaso que longos períodos de governo teocrático ou do tipo gangster fossilizam todo pensamento. (Nem que a dissidência tende a surgir da elite científica protegida com relutância, como aconteceu com Andrei Sakharov na antiga União Soviética.)

É difícil encontrar sociedades autoritárias bem-sucedidas, mesmo que entendamos por sucesso apenas que o Estado proporcione uma vida relativamente satisfatória para mais ou menos a maioria de seu povo. Se colocássemos a França medieval ao lado da França contemporânea, não há dúvidas sobre o caminho que os refugiados tomariam. O conhecimento não crescerá nessas sociedades de tiranos, e mesmo os tipos mais simples de prosperidade estão sempre ameaçados pela corrupção e pelos negócios centrados no clã. Não existe nada mais fraco do que um Estado tirânico, mesmo que não exista nada mais berrante do que o tirano.

Por que a Direita Odeia o Liberalismo

Para o tipo teológico, a crítica liberal clássica é semelhante. O secularismo pode ser um pecado, mas não há lugar mais seguro para fazer essa reclamação quanto as secularizadas conversas sobre trabalho das sociedades liberais, nas quais até mesmo Deus pode competir consigo mesmo.

O problema de apelar para Deus é que existem muitos deuses. Como fato histórico, a tolerância não é uma imposição do liberalismo ou do Iluminismo para refrear a Igreja. Em vez disso, começou no século XVII, antes do Iluminismo, no final de exaustivos períodos de guerras religiosas, como uma espécie de pacto entre igrejas concorrentes. A tolerância mais é um tratado entre as religiões do que uma imposição *sobre* a fé.

Tentei não escrever muito sobre os famosos filósofos ingleses dos séculos XVII e XVIII que ajudaram a fundar o credo liberal, concentrando-me em vidas liberais que oferecem um guia melhor para aproveitar a prática liberal. Mas ler os famosos escritos sobre tolerância de John Locke ou John Milton não é o mesmo que ler documentos contratuais apontando que podemos ganhar mais dinheiro se houver menos guerras religiosas. É ver a intrusão de um novo valor emocional. Esse valor é o horror à violência religiosa. A lógica da intolerância religiosa é, em seus próprios termos, perfeitamente lúcida: se você acha que tem acesso único aos segredos do cosmos e da vida eterna, por que *não seria* intolerante com aqueles que não concordam com essa verdade? O que Locke e Milton enxergaram foi o enorme custo humano dessa crença. Houve crueldade demais em seu século como resultado dela. Eles impunham uma humildade comum face a um Deus cristão cujos propósitos finais nunca conheceríamos. Em 1689, Locke escreve que os religiosos deveriam recorrer apenas a: "argumentos; que ainda (com sua licença) são o único método correto de propagar a verdade... Aqueles que têm outra opinião fariam bem em considerar consigo mesmos o quanto é perniciosa a semente da discórdia e da guerra, o quanto é poderosa a provocação a ódios, rapinas e massacres sem fim que forneceriam à humanidade. Nenhuma paz e segurança, não, nem sequer uma amizade comum, podem ser estabelecidas ou preservadas entre os homens enquanto esta opinião prevalecer, que o domínio é fundado na graça e que a religião deve ser propagada pela força das armas."

O que Locke quer dizer não é que todas as ideias tenham valor equivalente. É que o ódio, a rapina e a matança são ruins *por si só* e que, como a experiência mostra que essas são consequências da intolerância religiosa, ela também deve ser ruim. É um apelo pela paz, não um encolher de ombros neutro de indiferença à verdade. É, novamente, a afirmação de um novo valor, não uma regra abstrata.

A fé nunca floresceu tão livre e amplamente quanto na cidade liberal. Em uma noite de sexta-feira no bairro de Williamsburg, no Brooklyn, ver a variedade e os trajes definitivamente distintos do judaísmo chassídico indo e voltando de suas sinagogas nas ruas que compartilham com hipsters e caribenhos é profundamente comovente, mesmo para os judeus que veem as vidas restritas dos ultraortodoxos com ultraceticismo. Se o liberalismo é intolerante em qualquer sentido, é difícil perceber nas ruas. O que se entende por secularismo é, em geral, simplesmente a proliferação de diferentes crenças religiosas; muitas podem parecer nada para olhos que procuram apenas uma.

Se o que é genuinamente desejado é espaço para práticas religiosas — em vez de poder para apenas uma delas —, então nenhuma sociedade abriu mais portas para a vida espiritual ou ofereceu mais refúgio para a adoração do que as democracias liberais. Alguns liberais são hostis à religião; alguns são indiferentes; alguns são acolhedores; e alguns são religiosos. Dentre as mentes liberais que conhecemos até agora, algumas eram crentes, outras, pensadoras livres, enquanto a maioria seguia um caminho espiritual de sua própria concepção silenciosa. O maior poeta de língua inglesa de meados do século XX, W. H. Auden, era um liberal na política e um cristão sincero e fervoroso; o maior crítico da mesma época, seu bom amigo William Empson, era um liberal na política e um polemista sincero e fervoroso contra o cristianismo.

Quem sente a perda de uma presença sagrada na sociedade liberal não está prestando atenção. Uma noção renovada do sagrado é o grande tema da arte modernista, de Kandinsky a Rothko e além. Das figuras centrais das letras norte-americanas modernas, há tantas obcecadas pela religião — J. D. Salinger, John Updike, Jane Smiley — quanto hostis a ela. O que testemunhamos não é nenhuma perda de noção do sagrado, mas uma perda da autoridade sagrada, algo diferente. Agora, no modelo liberal de fé, o sagrado é difundido por consentimento, e não por coerção.

Não existe nada que impeça alguém de expressar um código conservador cristão ou islâmico em público em qualquer uma das grandes democracias. Eles são expressos o tempo todo. As questões sobre as quais os cristãos tendem a defender a intolerância e a perseguição acabam sendo, em qualquer perspectiva histórica sensata, absurdamente pequenas — a possibilidade, por exemplo, de que um padeiro fundamentalista seja forçado a fazer um bolo gay. (O que não quer dizer que os liberais não possam se beneficiar de *não* forçar esses minúsculos casos quando eles não são absolutamente essenciais para a igualdade de tratamento. Lanchonetes tolerantes são essenciais para a igualdade. Padeiros de mente aberta são essenciais? Os liberais não devem ser mestres das letras miúdas; tendo obtido grandes feitos, não deveriam se preocupar tanto com os pequenos.)

Com frequência lemos polêmicas religiosas sobre a natureza "totalitária" do liberalismo e o "niilismo" da ética liberal. É perfeitamente verdadeiro que o liberalismo não é neutro e que possui uma metafísica própria. Porém, essa metafísica não é uma alternativa fraca e furtiva à da fé, mas sim seu oposto. A metafísica oculta do liberalismo é simplesmente que ele valoriza o debate, odeia o dogma e aceita a duplicidade. Se você não quiser que seu dogma seja debatido, o Estado liberal será um lugar desconfortável para se viver.

Em uma análise real, o niilismo atribuído ao liberalismo significa apenas pluralismo, e seu totalitarismo significa apenas tolerância. Mesmo a suposta perda de comunidade segura é, por si só, uma quimera. Em minha experiência, nenhum casamento ortodoxo em uma ilha grega é celebrado com tanta solenidade e cerimônia combinadas quanto um casamento gay em Fire Island, em Nova York. (Casamentos gays tendem a ser extremamente bem produzidos.) O liberalismo constitui inúmeras comunidades de sentimento comum, que apenas não são as de uma igreja, sinagoga ou mesquita. Dos devotos que viajam para a Comic-Con encarnando Chewbacca, até aqueles que viajam para a Skepticon imitando Christopher Hitchens, o liberalismo está cheio de comunidades. Eles encontram amigos e amores no caminho — no espírito dos peregrinos medievais que se dirigiam para a Cantuária. Não, o liberalismo está repleto de comunidades; ele só cria novos tipos não tradicionais delas. (Por falar nisso, comunidades online nas quais fetichistas falam uns com os outros são tão ativas com fofocas quanto qualquer loja interiorana idealizada. A licença sexual pode ser superficial, mas certamente faz com que as pessoas conversem entre si.) Os Chestertons e Deneens do mundo, insistindo que o liberalismo destrói valores, tendem a ignorar a extraordinária afirmação liberal do valor humano primário do pluralismo porque, para eles, o pluralismo simplesmente não é um valor.

Invariavelmente, esta é a real reclamação do fiel: tendo perdido a autoridade, os fiéis agora têm que se submeter à mesma luta de afirmações contestadas que todo mundo. Mesmo que tentemos ler os teólogos autoritários da forma mais indulgente possível, percebemos que o que os ofende é não serem forçados a viver *dentro* de categorias morais das quais não gostam, mas serem forçados a viver *cercados* de comunidades morais que não são a sua — aceitar que há outras maneiras legítimas de buscar uma boa vida, carregadas de uma noção igualmente rica do que nós também chamamos de sagrado, apenas definido de forma diferente. O prejuízo causado é simplesmente o de ver outras pessoas fazendo coisas de que não gostamos, e uma pessoa só é "forçada" a participar na mesma medida em que é "forçada" a viver como cidadão dentre outros cidadãos.

A tolerância é uma trégua entre as igrejas, um pacto de não agressão entre muitos deuses após séculos de guerra religiosa. Existem barreiras para a *exclusividade* de qualquer religião; são as barreiras da paz cívica. Se a exclusividade é essencial, então o credo não deve ser muito poderoso, responde o liberal. Se um credo unicamente abençoado por Deus não pode concorrer e vencer outros nem tão abençoados assim na competição aberta de ideias que é o cerne da ética liberal, então a fraqueza sem dúvida reside em outro lugar, não na ágora que acolhe a discussão, responde o liberal.

Certamente é verdade que algumas das ideias do liberalismo derivam de ideias religiosas mais antigas. Não tem como ser de outra forma. Todas as ideias derivam de outras mais antigas, como muitos ideais cristãos derivam de ideais filosóficos pagãos. (A ideia de Darwin a respeito da evolução veio de seu avô, exceto as evidências para ela.) Mas poucas ideias poderiam ser mais tolas do que a de que os ideais seculares são realmente "tão religiosos" quanto os ideais religiosos. A insistência frequente de que todos têm uma religião, ou que o liberalismo é uma religião como qualquer outra, é tão absurda quanto dizer que acreditar na tolerância é o mesmo que acreditar na intolerância porque ambas são crenças, ou que um banho quente é o mesmo que um banho frio porque ambos envolvem água.

O que distingue as religiões das filosofias, pontos de vista e todas as outras maneiras como as pessoas lidam com as dificuldades do mundo — a única razão para usar essa palavra específica em vez de outra — é que os religiosos aceitam o fato de uma intervenção sobrenatural em algum momento histórico. As grandes religiões podem ter todos os matizes de valor humano, do misticismo sufi à militância islâmica. Mas não se pode realmente ser cristão sem acreditar que Jesus ressuscitou, ou muçulmano sem acreditar que o Alcorão foi ditado por um anjo, ou judeu sem acreditar em um criador ou em um povo escolhido. Quando você diz, como eu diria, "Eu sou judeu, mas não acredito em um criador ou em um povo escolhido", o que você está dizendo, precisamente, é "Eu não sou um judeu religioso". Há um conjunto de coisas que é razoavelmente chamado de crenças religiosas e outro conjunto que é chamado de visões de mundo ou filosofias de vida; insistir que um é igual ao outro é apenas uma incorporação imperialista de significado por parte dos religiosos (que muitas vezes não conseguem ver além de sua própria religião para reconhecer as crenças de outras pessoas).

Ou, como Penn Jillette disse uma vez, o argumento de que o humanismo liberal é uma religião como qualquer outra é o mesmo que dizer que, uma vez que colecionar selos é um hobby obsessivo, então *não* colecionar selos também deve ser um hobby obsessivo. Devemos desprezar as pessoas que colecionam selos, gastar tempo criticando alguma estranha edição de dois centavos e ficar furioso à noite enquanto procuramos edições antigas de variedades raras para queimar. Podemos imaginar uma pessoa assim. Essa pessoa seria uma figura cômica em uma paródia de religião.

Na verdade, as pessoas que não colecionam selos não têm uma paixão alternativa por não colecionar selos. Se você não ama selos, não os odeia. Simplesmente não liga para eles. Essas pessoas ficam completamente satisfeitas em permitir que outras sigam sua obsessão de colecionar selos sem sentir a necessidade de qualquer fanatismo paralelo próprio. Parece difícil para as pessoas com uma mentalidade autoritária de fato aceitar que existam outras que não precisam de autoridade para serem felizes, assim como as pessoas que são assombradas pela mortalidade são convencidas de que todos também devem ser e que ninguém consegue viver com consciência de sua própria sina iminente e ainda acreditar em um trabalho construtivo e uma vida significativa.

John Stuart Mill certamente passou por uma crise espiritual quando jovem, o que o deixou infeliz com os tipos mais frios de racionalismo que lhes foram ensinados por seu pai. Mas ele *nunca* recorreu a qualquer ideia de Deus, uma concepção que considerava tola e desinteressante, para não dizer evidentemente estúpida. Em vez disso, recorreu a uma ideia mais ampla e mais humana do que a reforma poderia ser, não o ideal de medição utilitarista de seu pai, mas um que incluía Mozart, música, amor e literatura. Ele nunca deixou de achar que aliviar a dor alheia é o primeiro dever da política pública. O que os liberais têm, ele pensou, é melhor do que uma religião. É um estilo de vida.

Nada poderia estar mais longe da verdade do que a ideia de que os valores do liberalismo são apenas fracamente reciclados da religião. Substituir verdades sagradas por simpatia comum e sentimentos compartilhados ou por premissas evidentes; acreditar na falibilidade de todas as crenças humanas; insistir no ceticismo sobre todas as afirmações; fazer da melhoria social incremental e da remoção do sofrimento um objetivo mais elevado do que a salvação eterna; colocar mais ênfase no bem-estar da próxima geração e no eixo "horizontal" da vida do que em alcançar a bem-aventurança eterna por meio do eixo "vertical" — esses traços distintivos do temperamento liberal não são iguais ao de qualquer religião existente. São ideias novas.

Na verdade, o inverso é verdadeiro: ideais liberais e humanistas foram retroprojetados nos antigos documentos de religiões, que quase sempre estão compreensivelmente preocupados com parábolas de obediência e direito tribal, fidelidade e vingança, punição e salvação. A Bíblia hebraica, obcecada em sua época por restrições alimentares fanáticas e pelas regras de sacrifício de animais em lugares sagrados, é retrospectivamente transformada em um documento de normas humanas universalistas. E, embora a ideia de igualdade radical possa estar implícita no cristianismo, *alcançar* essa igualdade radical, uma concepção completamente diferente, é uma ideia liberal e moderna. Uma é realizada, na melhor das hipóteses, como uma forma de solidariedade espiritual, ou então em uma vida após a morte ou em um momento apocalíptico remoto (e sempre foi completamente compatível na prática com uma hierarquia autoritária). A outra é formada por sistemas de esgotos e cafés, obras públicas e sanidade social, pequenos avanços e prazeres mundanos, e o bem-estar de nossos filhos, não o terror de nossos deuses.

POR QUE A DIREITA ODEIA O LIBERALISMO

Os liberais acreditam que a escolha autoritária entre um mundo de certezas e um mundo de caos é falsa. Entre a anarquia e a autoridade está o debate. A autoridade é oca se não for reforçada com *debates* — debates reais, não a repetição de axiomas —, e o debate é vazio se não for baseado em evidências e na busca de fatos compartilhados. Este foi o antídoto de Locke para a guerra religiosa: debater o que é certo e errado em um ambiente aberto. O debate é sempre o antídoto para o fanatismo.

O autoritarismo trágico, por sua vez, parecerá verdadeiro à imaginação liberal em sua análise, mas desesperador demais em seu diagnóstico. Não precisamos aceitar os ritmos frenéticos de um irracionalismo revivido para reconhecer toda a verdade contida em uma visão trágica da vida. Podemos acreditar na importância de amenizar a dor sem pensar que todo tipo de dor sempre pode ser atenuado. Podemos desejar uma vida melhor para todos sem pensar que ela pode curar a realidade da morte.

Penso em minha amiga Katha Pollitt, uma excelente colunista progressista que por décadas lutou pelo feminismo, pela justiça e, particularmente, pelos direitos reprodutivos das mulheres nas páginas da revista *Nation*. Ela também é uma poetisa melancólica ainda melhor, e uma vez, em uma entrevista impressa, perguntei-lhe como conciliava sua política progressista com o sentido trágico da vida que considero tão tocante em sua poesia. Se a vida é tão triste, realmente importa se um democrata é eleito presidente do conselho municipal? Ela admitiu, honestamente, que "mesmo que amanhã os Estados Unidos se transformem na Escandinávia um tanto idealizada na qual os leitores da *Nation* adorariam viver, ainda haveria o dilema humano central. Não apenas a morte, a decadência, a passagem da beleza, o amor não correspondido, as ambições não realizadas e tudo mais, mas a ligação ruim entre a consciência humana e, bem, não sei exatamente como chamar — a *realidade*?

MILHARES DE PEQUENAS SANIDADES

Queremos que a vida tenha mais significado do que de fato tem — essa é a tragédia humana, ou talvez eu deva dizer tragicomédia".

Mesmo o programa mais compassivo de reforma igualitária acaba inevitavelmente indo contra os limites do ser humano. Não podemos fazer com que homens e mulheres vivam para sempre; não podemos fazer com que as pessoas que eles amam também os amem. Não podemos curar a solidão e não podemos fazer bons cães irem para o céu. Willie Nelson disse uma vez em minha presença, embora eu não ache que tenha sido a primeira — eu estava escrevendo seu perfil — que "99% dos amantes do mundo não estão com sua primeira escolha, e é isso que faz a jukebox tocar". A prosperidade liberal pode lhe dar uma cerveja extra, mas não consegue mudar a playlist da jukebox.

Um dos valores de ter fé na razão é exatamente por ela mostrar a forma e o contorno de tudo o que não pode ser raciocinado. Uma grande parte da vida humana está sujeita a desejos irracionais e desejos que não podem ser reformados. "O sono da razão gera monstros", disse Goya, um lema romântico. Os liberais podem se recusar com razão a reivindicar a ascendência dos monstros da irracionalidade, mas temos que assumir a responsabilidade por eles. Precisam ser gerenciados, pois raramente podem ser dominados. Um liberalismo que subestima a necessidade humana de ordem estável e a identidade simbólica, e olha além da verdade comum da mortalidade exclusivamente para o horizonte do mero materialismo voltado para o mercado, é aquele que logo se tornará um unicórnio.

CAPÍTULO TRÊS

POR QUE A ESQUERDA ODEIA O LIBERALISMO

CRÍTICA, OU ATAQUE, DA DIREITA ao liberalismo é principalmente um ataque à sua fé excessiva na *razão*. Não é suficiente viver pela razão. Nossa vida comum não foi construída a partir de uma receita racional. Nações e povos — verdadeiros — só podem se manter unidos pela vontade, pela identidade compartilhada, pela afirmação do poder bruto e pela presença de fé pura, não por um debate moderado, nos dizem os grandes reacionários. Movimentos antiliberais de direita se armam dessa crença de forma eficaz — Pátria e País; Torne a América Grande Novamente; Avante, Itália! A política da grandeza nacional, espero ter deixado claro, não precisa ser *apenas* uma província de gângsteres, palhaços, vigaristas e charlatões: a carreira de De Gaulle nos mostra isso, assim como a de Disraeli. Mas, muitas vezes, são. Em suas faces e fases mais feias — e elas conseguem ficar muito feias com rapidez —, dependem de visões de vingança, revanche, dominação, conquista ou reconquista.

A crítica de esquerda ao liberalismo é basicamente um ataque à fé liberal na *reforma*. Somente a mudança revolucionária pode trazer justiça e igualdade a um mundo criminosamente injusto.

Esse ataque ao liberalismo vem de um lugar muito diferente, ao mesmo tempo, mais próximo e muito mais distante. Mais próximo porque muitos dos valores que a esquerda sustenta — a fé de que o futuro pode ser melhor do que o passado e a confiança de que as melhorias espirituais dependem das materiais, de que devemos ser bem alimentados antes de sermos generosos — são compartilhados pelos liberais. Mais distante porque o ataque esquerdista à tradição e ao passado tende a ser inacreditavelmente mais absoluto do que a direita autoritária tradicionalista pode sonhar ou desejar. O Ano Zero, a ideia de recomeçar o tempo e de reiniciar o calendário, é um conceito jacobino — um conceito radical básico.

Ao refletir sobre a crítica da esquerda, lembro-me do momento em que seu irmão, Luke, estava lendo sobre o genocídio no Congo Belga para a escola. Nessa mesma época, eu estava lendo e revisando mais um livro sobre o Holocausto — o belo e controverso relato de Timothy Snyder sobre as "terras de sangue" da Europa Oriental —, e Luke, vendo o livro em minha mesa, veio até mim e perguntou como eu poderia estar adicionando mais um tijolo ao já imenso muro das lamentações em memória do Holocausto judeu e nunca ter escrito nada em minha vida sobre o caso belga. O genocídio do Congo, como ele estava aprendendo, faz referência ao período por volta de 1900, quando o rei Leopoldo II da Bélgica, em busca do aumento da produção de borracha, impôs uma série de crueldades terríveis à população congolesa. Um exército privado tinha permissão para mutilar os resistentes à vontade — mãos e membros eram decepados, rotineiramente. (Veja as fotos, se aguentar!) Embora muitas das mortes tenham sido causadas por doenças, e não diretamente pelos europeus, as doenças eram oriundas da devastação social gerada pela exploração colonial, da qual a região ainda não se recuperou. As estimativas do número de mortos chegam a 10 milhões; inquestionavelmente, a sociedade congolesa foi destruída.

A Bélgica, naquela época sob a liderança do rei Leopoldo, não era, estritamente falando, uma democracia liberal — mas não vamos deixar que isso nos conforte. Essas democracias existiam, sim, no Concerto da Europa e em Bruxelas, uma capital da Belle Époque, e partilhavam uma civilização de busca pelo prazer, bem como supostos valores progressistas com as outras nações europeias. Em muitos aspectos, sua brutalidade específica era apenas uma forma de tentar alcançar imperialismos já bem estabelecidos.

Isso faz parte da crítica esquerdista clássica ao liberalismo. Apontamos para a paz, a prosperidade e o pluralismo das sociedades liberais e os comparamos complacentemente às crueldades de sistemas concorrentes — mas o que todos nós *realmente* fazemos é transferir nossos horrores para algum outro lugar onde não tenhamos que encará-los. Eles vão para o que hoje é chamado de terceiro mundo, ou países em desenvolvimento, para a África, a Ásia ou a América Latina; os norte-americanos historicamente enviaram esses horrores para o Oeste, contra os próprios povos indígenas. (Nunca nos esqueçamos de que a própria invasão genocida da Ucrânia, da Bielo-Rússia e de todo o resto, além do que foi feito aos "nativos" indesejados desses locais, por Hitler foi baseada no que os Estados Unidos fizeram aos povos indígenas de *sua própria* região Oeste — Hitler acreditava que matar todos os judeus e muitos eslavos era apenas "fazer uma limpeza", além de tornar a terra segura para o acordo europeu.)

A prosperidade e o pluralismo liberais são ótimos, sem dúvida — tudo o que precisamos fazer é descontar o racismo, o sexismo, a crueldade e os longos séculos de exploração e espoliação contínua das culturas, ambientes e bens de outros povos. A reforma liberal é piedosa — até que esbarre nos limites do que não quer, ou não pode, reformar, que é o sistema governante de exploração e opressão. Este é *mandado* livremente para todos aqueles fracos demais para resistir.

Mesmo com os Estados Unidos exportando e apoiando a democracia liberal para a Europa Ocidental após a Segunda Guerra Mundial — enquanto a contrastavam incessantemente com o morno totalitarismo da Europa Oriental —, exportavam ao mesmo tempo, para a América Latina, não uma democracia liberal, mas regimes militares brutais. Fizeram isso por si e pelas multinacionais que ganhavam dinheiro explorando os latino-americanos. A democracia liberal opera apenas dentro de uma gama extremamente reduzida de classes, cores e países. Tenho elogiado os registros e as manobras parlamentares de Gladstone e Disraeli, estadistas britânicos do século XIX, mas eles parecem muito diferentes, e muito menos admiráveis, para os povos na África e na Ásia que tiveram que lutar contra a dominação que tanto liberais quanto conservadores constitucionais britânicos forjaram. Do ponto de vista indiano, Gladstone, Disraeli, seus predecessores e a massa de armas encarando os "amotinados" durante a rebelião de 1857 na Índia era tudo uma coisa só.

Esse é um ataque *antigo* à própria ideia de democracia e, aliás, a seus propagandistas. A Atenas do século V a.C. era uma democracia. Entretanto, sua democracia não se restringia apenas aos grupos previsíveis — homens, sem incluir escravos ou mulheres —; também era praticada a um enorme custo imperial para os não atenienses. A Liga Ateniense foi, como o Império Britânico, um projeto imperialista por meio do qual os atenienses afirmavam sua glória democrática enquanto saqueavam os bens de todos. Certa vez, visitei um belo pequeno templo na ilha de Antíparos que há muito tempo fora soterrado, porque tinha sido brutalmente saqueado e queimado pelos atenienses amantes da democracia depois que o povo da maior ilha adjacente de Paros não aceitou imediatamente se curvar e pagar o tributo necessário aos grandes democratas que desembarcavam de navios para civilizá-los. Segundo o argumento, infelizmente, os Estados Unidos são muito fiéis ao modelo ateniense. O povo norte-americano se transforma no infeliz herdeiro do papel de seu país na criação e no apoio a governos militares opressores na América Latina — no Chile, na Argentina, na Nicarágua e em tantos outros lugares.

A crítica esquerdista ao liberalismo não é apenas, exclusiva ou principalmente uma crítica ao seu papel fora dos países liberais. O ataque radical também é direcionado no mesmo nível, ou até mais, aos fracassos do liberalismo dentro de suas próprias sociedades: o liberalismo burguês não é apenas incidentalmente explorador e desigual, ele é intrínseca e incuravelmente explorador e injusto. A pior coisa que o liberalismo faz é explorar suas atrocidades de cima para baixo. "Sociedades livres", na prática, sempre significam sociedades de livre mercado — e os livres mercados nunca defenderão mais do que o capitalismo predatório. Não é que as desigualdades surgem às vezes, elas *sempre* surgem, e isso cria cada vez mais injustiça e desespero. Os números são incontestáveis — mas o mundo que eles demonstram é ainda mais evidente em matéria de elucidação. Nova York está repleta de complexos de condomínios altíssimos projetados apenas para conter o dinheiro dos super-ricos: a torre recém-construída na Park Avenue, nº 432 — eu a chamo de ereção do oligarca —, é a mais alta e fálica de todas. O comediante Chris Rock, ele próprio rico, diz com precisão que, se as pessoas comuns soubessem como os ricos realmente vivem, se revoltariam. (Na minha memória, ele estava falando sobre os luxos das viagens aéreas privadas, mas ao conferir descobri que falava apenas do luxo menor de voar na primeira classe.) Ele também faz uma boa distinção entre ser rico, algo que pessoas normais às vezes podem alcançar, e ter riqueza, que ainda é domínio especial de uma minúscula classe hereditária. A liberdade da ágora é, na verdade, apenas a ditadura do dracma: todos nós dependemos do quanto temos no bolso e, portanto, precisamos viver no bolso de outra pessoa.

A distinção entre esquerdistas e liberais, ou entre radicais e liberais, como talvez seja melhor colocar, tem uma história longa e extremamente complicada. Embora a quimera liberal de esquerda da pavorosa propaganda da direita seja um monstro fenomenal, ao forçar a junção de dois animais incompatíveis em uma imaginação febril, as distinções mudam, se confundem e surgem apenas com o tempo, como deve ocorrer com todas as distinções existentes. Embora existissem facções mais radicais e moderadas — jacobinos e girondinos — durante a Revolução Francesa, as diferenças entre eles se baseavam em premissas muito distintas das que conhecemos agora: os jacobinos extremistas de Robespierre, por exemplo, eram *mais* insistentemente religiosos ou deístas do que aqueles reunidos em torno da facção mais moderada. Alguns eram radicais pelo livre empreendedorismo; alguns moderados, à maneira francesa, estavam mais inclinados a um Estado centralizado.

Então, no início do século XIX, as pessoas chamadas de liberais eram diferentes das chamadas de radicais ou socialistas porque os liberais ainda estavam — como estão até hoje, no sentido francês do termo —, acima de tudo, alinhados com o livre mercado contra o controle do Estado. Mas isso também estava longe de ser um posicionamento "liberal ou conservador" puro em nosso sentido, uma vez que estar alinhado com o livre mercado significava ser *contra* a oligarquia aristocrática e seus monopólios. Foi

POR QUE A ESQUERDA ODEIA O LIBERALISMO

isso que transformou Adam Smith em herói para toda uma ala do movimento revolucionário francês. Ser liberal não significava se alinhar à consolidação com o poder, mas sim protestar contra o poder no interesse das classes médias empresariais. É nesse sentido que a chamada Sociedade Lunar, o círculo na região central da Grã-Bretanha em torno de Josiah Wedgewood, Erasmus Darwin e Joseph Wright, era politicamente liberal mesmo em seu empreendedorismo — a fabricação e a venda de pratos decorativos populares permitia que novos tipos de ideias florescessem fora do controle oligárquico. Mas ser liberal também não significava ser democrata no nosso sentido. Era possível ser liberal a favor da liberdade da dominação aristocrática, sem ser, de forma alguma, a favor de uma ampla emancipação das classes trabalhadoras ou ter fé absoluta em eleições livres para estabelecer governos.

No entanto, em nossa década crucial de 1860, essas duas tendências, radical e liberal, foram se tornando mais distintas, e o casamento do liberalismo com a democracia, mais claro, embora as palavras usadas possam ser diferentes. Nos romances parlamentares de Trollope, o mais belo barômetro do temperamento político britânico do século XIX, os radicais, como o Sr. Monk e o Sr. Turnbull, são, na verdade, o que hoje chamaríamos de liberais: opostos à ordem oligárquica e ao poder hereditário e agora a favor da emancipação em massa, mas não revolucionários sociais em qualquer sentido. Com o tempo, o mundo, por assim dizer, virou à esquerda — um sinal do sucesso do reformismo. As pessoas que na época eram consideradas radicais estão mais próximas do que entendemos como liberais, enquanto os liberais de Trollope estão mais próximos do que consideramos conservadores constitucionais. Voltando à nossa primordial jaula do rinoceronte, John Stuart Mill — que agora nos parece devidamente o filósofo liberal por excelência — seguramente chamou a si próprio de socialista na economia, e entrou no Parlamento sendo, na época, considerado radical. Portanto, radicais de mentalidade democrática e liberais que louvam a liberdade já estavam começando a se fundir em uma única linha.

Por volta da mesma época, uma alternativa de esquerda radical genuinamente distinta do liberalismo também começou a surgir. A reunião de 1864 em Londres da Associação Internacional dos Trabalhadores — à qual compareceu Karl Marx, cujo *Manifesto Comunista* já tinha quase vinte anos — marcou uma falha decisiva e permanente no universo político, como observado pela sagaz inteligência política de George Henry Lewes. Esse grupo de esquerdistas — como Jefferson, Marx escreveria o programa para a organização quase sozinho — era formado por radicais revolucionários de um modo que a tradição liberal mantida por Lewes, vinda de Mill, não era e não tinha intenção de se tornar. A distinção entre liberais, do tipo de Lewes, Eliot e Mill, e radicais, da ordem marxista, estava ficando clara. Embora compartilhassem um senso comum de que havia muita coisa errada e algo tinha que ser feito, eles se opunham, como o fazem até hoje, quanto a quase todas as questões significativas sobre *o que* estava errado, o que fazer a respeito e a melhor forma de fazê-lo.

Basicamente, desde aquele momento, os radicais aceitaram a análise de Marx da sociedade burguesa, enquanto os liberais a rejeitaram. A crítica radical ao liberalismo tem afirmado, desde então, que a reforma liberal sempre será inadequada para os problemas da sociedade capitalista moderna — tudo que o liberalismo pode fazer é tapar o sol com a peneira. O adjetivo que acompanha o liberalismo não é *humano*, como no humanismo liberal, mas *burguês* — e o liberalismo burguês é simplesmente a exploração capitalista maquiada.

POR QUE A ESQUERDA ODEIA O LIBERALISMO

O ataque da esquerda, embora focado na impotência da reforma, às vezes também está concentrado na ideia liberal da *razão* — mas isso porque os radicais, desde aquela época, acreditavam que a razão liberal não é razoável o suficiente e é apenas uma ocultação das relações de poder que os liberais não querem examinar. O raciocínio liberal é como fazer contas sem olhar os resultados. Quando realmente fazemos a adição liberal, todas as soluções estão na coluna negativa. Se o empobrecimento em massa não é mais tão agudo nos países capitalistas, é porque grande parte dele foi exportada para o mundo em desenvolvimento. Conheci pessoas que contribuem generosamente para causas nobres, mas passam suas vidas profissionais procurando lugares cada vez mais baratos nos países em desenvolvimento para fabricar roupas. Quando a China ficou cara demais, as camisetas passaram a ser feitas por trabalhadores mais pobres no Vietnã, e quando até o Vietnã ficou caro demais, a fabricação se mudou para o Haiti. O liberalismo, nesse ponto de vista, não só exporta suas atrocidades, mas também suas explorações, e depois traz de volta os lucros para apoiar as supostas artes liberais.

Marx continua a ser o crítico mais formidável do liberalismo porque ele despojou o fascínio da linguagem da universalidade e da razão para mostrar as relações de poder puras que o liberalismo impõe. A clássica análise marxista mostra o liberalismo simplesmente como a ideologia da burguesia: pessoas que possuíam propriedades e tinham capital para investir, algumas trabalhando como exploradoras diretas ou proprietárias; outras, como profissionais atendendo às proprietárias. Da mesma forma que a Cadeia do Seres (ou *Scala Naturæ*) foi a ideologia conveniente da era feudal, o liberalismo foi a ideologia conveniente do capitalismo. Os sacerdotes medievais disseram aos camponeses que Deus havia estabelecido uma hierarquia fixa, que começava com Ele no topo, seguido por anjos e demônios; depois a Igreja; o rei e os senhores; com plebeus se equilibrando precariamente logo acima dos animais selvagens e domesticados. Os clérigos modernos, ou seja, os filósofos e professores liberais, instituíram outra ordem "normal" para encobrir as relações de poder opressivas do capitalismo. Contaram ao proletariado uma historinha semelhante, mas, em vez de Deus, a história e a natureza humana estabeleceram a hierarquia. Nela, o lugar de uma pessoa não foi estabelecido, mas supostamente conquistado. As pessoas no topo chegaram lá por mérito; as abaixo delas teriam que se esforçar mais.

As "reformas" das quais os liberais nunca se cansam de se vangloriar são simplesmente uma série de concessões relutantes e parciais à pressão popular — maneiras de abrir uma válvula de vapor para aliviar essas pressões e evitar que o navio exploda. Enquanto isso, deixam alguns pobres coitados de sorte subirem na cadeia liberal do ser para fazer os outros acharem que também conseguem. O procedimentalismo parlamentar, de que se gabam os liberais, é mais uma forma de *impedir* que a mudança ocorra — projetado, em sua maior parte, para corromper e cooptar a resistência em potencial. Os liberais se vangloriam da liberdade de expressão — mas, uma vez que todo o seu discurso é implantado dentro de uma ordem capitalista na qual o dinheiro é o único meio real de troca, essa reivindicação de liberdade para todos não é apenas parcial, mas deliberadamente fraudulenta. O que os liberais chamam de liberdade de expressão ou imprensa livre é invariavelmente discurso *pago* — e William Randolph Hearst ou, atualmente, Rupert Murdoch pode pagar por muito mais do que um trabalhador explorado. A base do liberalismo no debate aberto parece confortável até descobrirmos seu preço; a cafeteria está fechada para quem não puder pagar pelos bolos.

Mesmo naqueles momentos em que a mudança real parece estar prestes a ocorrer — como a emancipação dos afro-americanos ou a emancipação parcial das classes trabalhadoras britânicas na mesma época — o sistema fecha a tampa logo depois. As leis de Jim Crow vêm na esteira da Reconstrução; as guerras coloniais levaram as classes trabalhadoras a morrer em campos estrangeiros.

Não quero sugerir que todos os que criticam o liberalismo de esquerda sejam marxistas ou derivem suas ideias daí. Alguns dos esquerdistas mais intrigantes e convincentes que odeiam o liberalismo tendem a vir de tradições anarquistas muito diferentes. Partindo de pensadores russos como Peter Kropotkin e Mikhail Bakunin, eles combinam de maneiras cativantes — embora eu suponha que *cativar* não seja a palavra certa para anarquistas — um impulso libertário genuíno, quase extravagante demais até para um liberal, junto com uma indignação autêntica com a pobreza e a miséria, quase aguda demais para um liberal suportar. A tradição anarquista também é humanista, embora violentamente antiliberal e, muitas vezes, na opinião liberal, obcecada pela estranha ideia de salvar a humanidade bombardeando-a para libertá-la.

O espírito da humanidade rebelde nunca reluziu tanto quanto na anarquista, filósofa ativista e biógrafa — e, verdade seja dita, cúmplice de assassino — do início do século XX, Emma Goldman. O termo "adorável terrorista" parece uma contradição, mas ela certamente era adorável e, se não se envolveu de forma direta no terrorismo, sem dúvida não estava distante de atos que só podem ser denominados como tal. Ela conta sua história em dois volumes de autobiografia, que ainda valem muito a pena reler.

MILHARES DE PEQUENAS SANIDADES

É difícil para um liberal deixá-las de lado sem amar a coragem, a força absoluta e a humanidade fascinante de Emma. Suas memórias, que são a coisa mais distante do mundo de uma ideologia insensível, estão repletas de relatos de seus casos de amor e suas paixões teatrais. Ela admirava e entendia Eugene O'Neill antes de quase qualquer outra pessoa, e, em meio ao próprio ostracismo imposto pela esquerda da Grã-Bretanha na década de 1920, após sua desiludida estadia na União Soviética, ela ainda era atrativa o suficiente para insistir em dar uma série de palestras não sobre socialismo ou bolchevismo, mas sobre a construção do Little Theatre Movement norte-americano, uma onda dedicada ao teatro popular e participativo que já foi muito importante. Seus escritos respiram sua solidariedade natural com outras mulheres e também estão repletos de prazeres recordados, de uma forma que quase qualquer outro escritor radical da época, exceto o grande Max Eastman, não fez. Ela escreve deleitosamente sobre correr na maré alta através das dunas de Provincetown em direção à segurança e às areias. Tem um humor espontâneo a respeito de todos os absurdos da vida radical, incluindo como um namorado comunista, Ben, se transformou de repente e, sentimental e teimosamente, insistiu em ter um filho, com ela desempenhando o papel convencional de mãe. Não apenas isso, mas esse drama familiar foi ambientado em uma história de perseguição que mesmo aqueles de nós que se lembram dos absurdos da guerra do FBI contra o movimento pelos direitos civis nos anos 1960 não conseguem acreditar.

Chegando aos Estados Unidos em 1885, vinda da Rússia, já radicalizada por sua experiência de opressão tanto como mulher quanto como judia, ela logo se viu no centro de um círculo rico e literário nos cafés do Lower East Side de Nova York. (Como os cafés são essenciais... Não apenas para o terreno liberal, mas tam-

POR QUE A ESQUERDA ODEIA O LIBERALISMO

bém para o radical! O capital social foi e continua sendo essencial para o anticapitalismo.) Ela era uma daquelas pessoas com um dom tão natural para falar às massas que foi forçada a assumir um papel de liderança quase antes de conseguir falar inglês o suficiente para alcançar as massas fora de seu próprio bairro. Lendo-a agora, ficamos surpresos não apenas com seu envolvimento com a luta pelos direitos dos trabalhadores — em uma época em que a sindicalização muitas vezes era considerada um crime e que os patrões não sentiam remorso em enviar multidões de justiceiros e bandidos pagos para espancar e até matar grevistas —, mas ainda mais por sua abertura a novos reinos de liberação sexual. A certa altura, ela trabalhou como parteira e escreveu com tristeza sobre as demandas de aborto das mulheres da classe trabalhadora — já com cinco ou seis filhos que mal conseguiam alimentar. Nem Goldman podia se arriscar a fazer abortos na época das Leis de Comstock, quando a própria contracepção era ilegal e a religião organizada fazia todo o possível para impedir que se tornasse minimamente aceitável. (Qualquer pessoa que pense no aborto como privilégio de mulheres ricas deve ler Goldman e ser lembrada do enorme custo humano de ter filhos sem contracepção.)

Mas uma das coisas que a torna tão comovente como pessoa é a história de seu próprio entusiástico despertar sexual. Emma escreve sobre seus amantes (muitos, infelizes) com enorme humanidade e franqueza. Ela reconheceu a profunda tensão, que deve ser verdadeira na vida de qualquer ativista, entre a devoção a uma causa, a um ideal, e o preço que se paga por isso na vida pessoal — e esse preço está se tornando desumanizado, cada vez menos atento às verdadeiras fontes de prazer na vida humana que lutamos de forma visível para espalhar e compartilhar. Enquanto os outros movimentos socialistas da época tendiam a ser muito patriarcais, seu anarquismo era especialmente sensível às questões das mulheres. Ela até escreve, com uma audácia que ainda hoje surpreende, sobre seu encontro com uma jovem lésbica enrustida e como a encorajou a se expressar de maneira erótica. Gerações posteriores de feministas reproduziram camisetas com um lema supostamente vindo de Emma Goldman: "Se eu não posso dançar, não quero fazer parte da sua revolução." É provável que essas palavras não sejam exatamente dela, mas esse é o seu espírito; ela dança ao longo de sua autobiografia em vez de narrá-la.

Sua vida incluiu vários momentos de extraordinária coragem moral — e outros, de extraordinária ambiguidade moral. Em 1892, ela ajudou seu amante, o filósofo e ativista anarquista Alexander Berkman (sempre carinhosamente chamado de Sasha em sua biografia), a comprar uma arma para atirar em Henry Clay Frick, em Pittsburgh. (Frick, magnata e colecionador de arte, encorajou a chacina de trabalhadores siderúrgicos na greve de Homestead, longe de sua mansão na Quinta Avenida.) O ato era, em suas próprias palavras, um "anarquismo da ação" delicadamente moral: Berkman insistiu em ficar sozinho com Frick, sem alvos colaterais em potencial, nem mesmo criados. Mas *foi* um ato de terrorismo, o assassinato de um empresário desarmado. Baleado, Frick não morreu. (Goldman nunca deixou de realmente acreditar que Berkman falhou porque não tinha dinheiro para comprar uma marca melhor de pistola.) Berkman, por milagre, foi preso apenas por pouco mais de uma década — em condições brutais, sim, mas hoje ele passaria o resto de sua vida em uma cela individual em uma prisão de segurança máxima sem esperança de liberdade condicional. Quando saiu, foi capaz de escrever um clássico da literatura política anarquista, *Agora e Depois: O ABC do anarquismo comunista* — um livro estranho, um manifesto tanto libertário quanto anarquista.

E, não se engane, Emma Goldman não era simpática aos liberais norte-americanos ou ao liberalismo como ela os conheceu. Presa em 1917 por ajudar homens pobres a resistir ao alistamento militar no que ela considerava, não sem razão, uma guerra imperialista maluca, ao ser libertada em 1919, ela e Berkman foram deportados, devido à vergonhosa Lei de Imigração e particularmente a mando de um jovem e já odioso J. Edgar Hoover. A decisão foi recebida com um mínimo de protesto liberal. Ela então decidiu que os liberais norte-americanos eram os mais fracos e as pessoas mais desesperadas e fugidias do mundo. A Primeira Guerra não foi um momento muito diferente do rescaldo do 11 de Setembro: o medo facilmente levou a melhor sobre o princípio liberal, de forma tão rápida e completa que era fácil enxergar os princípios do liberalismo como nada mais do que um papel de embrulho lindíssimo, rasgado em um instante. Lendo suas memórias, arrepia pensar se algum liberal de seu tempo, ou deste, seria capaz de se recuperar da prisão, do banimento, da deportação, da fome e do abandono e permanecer esperançoso, firme e alerta o suficiente aos absurdos da existência para continuar escrevendo e os testemunhando.

Exilada na Rússia recém-bolchevique, ela esperava, se não utopia, pelo menos um passo em direção a ela. Porém, e este foi um de seus atos de maior coragem moral, ela imediatamente reconheceu — muito antes de ser moda, para não dizer aceitável — que o mundo recém-construído na Rússia era um pesadelo, não apenas equivocado em seus excessos, mas nocivo desde o início. Bakunin estava certo em 1867, quando previu que "liberdade sem socialismo é injustiça; socialismo sem liberdade é escravidão e brutalidade". Lênin, a quem Emma conheceu, era obviamente um tirano brutal, e seu sistema comunista, uma traição aos trabalhadores, com a sede de sangue como seu princípio primeiro. Ela dizia isso alto e claro, de forma frequente, presciente e corajosa. Meio século depois, a maioria de seus amigos de esquerda ainda relutava em sussurrar as mesmas verdades.

Como sempre acontece com pessoas corajosas que falam primeiro, ela não recebeu nenhum crédito de seus inimigos, apenas o ódio crescente de seus futuros ex-amigos. Ainda conhecida apenas como Emma Comunista, apesar de ter desafiado os vermelhos, ela teve que fugir, primeiro para a Alemanha, depois para Londres e, por fim, para o Canadá, onde palestrou muitas vezes em Winnipeg e Montreal e morreu, aos 70 anos, em Toronto. Ao longo de sua vida, ela nunca comprometeu a pureza de seus princípios anarquistas, sensualistas e libertários face ao totalitarismo de esquerda — polemizou durante a Guerra Civil na Espanha, mas apenas no lado (condenado) anarquista —, ou face ao que considerou uma fraqueza liberal generalizada. Ainda mais surpreendente: Emma nunca entregou seus prazeres a esses princípios. Odiar Frick não significava ter que odiar a Coleção Frick; significava apenas desejar que *O Progresso do Amor*, de Fragonard, estivesse disponível tanto para os pobres quanto para os ricos, não apenas como uma série de fotos, mas como um ideal. Ela era uma sensualista democrática por instinto, uma amante da liberdade anarquista por credo, e sua vida e seu pensamento são uma reprovação permanente ao que ela via como a pura *timidez* do liberalismo, sua incapacidade de alcançar um ideal ainda não imaginado.

Hoje em dia, o espírito de liberalidade sensual de Goldman, combinado com o anarquismo radical — um soneto de amor em uma mão, uma banana de dinamite na outra —, está menos presente nos círculos esquerdistas. Mas a insistência anarquista de que a ideia de revolução contra a ordem burguesa deveria visar o âmago de toda a nossa existência, tornar-se parte de nossas vidas sexuais e de como dançamos — ainda mais do que apenas nosso jeito de votar ou trabalhar — e não teria sentido se tratar de meros rearranjos econômicos teve uma consequência inevitável. Embora mais pós-marxista do que de espírito verdadeiramente anarquista, a maioria das críticas de esquerda ao liberalismo agora se volta com mais frequência para seu poder e suas ilusões culturais do que para os termos mais restritos e classicamente marxistas de como os trabalhadores se organizam e quem os paga nessas circunstâncias.

Na análise marxista original, a burguesia governava os oprimidos por meios diretos de coerção: se fizesse greve, eles chamariam os fura-greves, a polícia ou até o exército para atirar em você. Mas, com o tempo, os massacres de trabalhadores se tornaram menos frequentes, mesmo enquanto o capitalismo, pelo menos aos olhos dos esquerdistas, se libertava cada vez mais das algemas do Estado. Para nós, liberais convencidos, a redução óbvia da violência de classe significava que o mundo estava realmente se tornando mais próspero e as relações de classe, menos fixas e opressivas. Para os críticos da esquerda radical, por outro lado, a opressão se tornou apenas mais difusa e traiçoeira. Hoje em dia, os massacres da classe trabalhadora ocorrem de forma mais silenciosa, acontecendo mais por meio da obesidade, da dependência de opiáceos e de outros instrumentos culturais do que pelo poder direto. Não é preciso mandar o exército para coagi-lo, porque a cultura capitalista já o fez. Todo o objetivo da cultura liberal e da autopropaganda — incluindo, é claro, livros como este — não serve apenas, como na análise clássica, para fazer uma relação de poder brutal parecer normal. É para fazer essa mesma brutalidade parecer *natural*, do jeito que as coisas são. A totalidade da cultura liberal trabalha para invadir o valor, a literatura e a própria linguagem, a fim de que a opressão pareça algo normal na vida — esse trabalho não é feito de forma conspiratória, sob a direção de alguns mestres de marionetes com bigodes torcidos, mas simplesmente da maneira que todas as culturas funcionam, pelo contágio sistemático de mentes.

Os triunfos desse tipo de pós-marxismo significaram que o foco das queixas radicais mudou: de serem acima de tudo econômicas, elas se tornaram acima de tudo *culturais*, com as questões econômicas vindo em seguida. Isso pode ser em parte um efeito de seleção: enquanto o sofrimento continua no chão de fábrica, ou na ausência de qualquer chão de fábrica para sofrer, a conversa prossegue nas salas de aula da academia. Não tenho dúvidas de que as questões econômicas fundamentais ainda importam entre os admiráveis veteranos restantes engajados na organização sindical e na oportunidade econômica. Podemos até estar à beira de um renascimento da política social-trabalhista clássica, se a ascensão dos Socialistas Democratas da América — ou, pelo menos, sua explosão na consciência pública — servir de indicação.

Com certeza surgiu um novo palavrão. *Neoliberalismo* talvez seja o termo mais comumente usado na polêmica de esquerda hoje — embora, um liberal possa pensar, seja um termo com o referente específico mais vago em toda a linguagem política. (Para ser justo, o mesmo acontece com o termo *fascista*, que é usado para condenar fascistas reais e professores de educação física.) O termo neoliberal pretende rotular a disseminação de doutrinas absolutistas de livre mercado, na esteira do fim da Guerra Fria, e a rendição, presumivelmente compartilhada tanto por liberais progressistas autodenominados quanto por libertários incontritos, à doutrina de que toda a vida social deve ser transferida para o mercado.

Supostamente, é o que produziu nossa atual perturbação errática e nosso protesto populista também errático.

Mas, durante a maior parte dos últimos trinta anos, para o bem ou para o mal, as questões a respeito do trabalho e do chão de fábrica se tornaram menos centrais para a crítica radical ao liberalismo, enquanto as questões de gênero, raça, língua e orientação sexual ficaram cada vez mais centrais. Isso reflete a situação norte-americana básica: a direita deseja vitórias culturais e só consegue as políticas, e a esquerda quer vitórias políticas e obtém apenas as culturais. É possível ver isso como uma grande distração para causas progressistas, em que a esquerda consegue banir os sombreiros das festas universitárias enquanto cada tribunal federal do país é designado para um juiz ativista da extrema direita. Ou (como a direita costuma enxergar) como uma vitória diabolicamente perversa. Se você controla as escolas, controla seus alunos; os jesuítas usaram essa verdade durante séculos. Mesmo as classes trabalhadoras, que costumavam ser "heroicizadas" no pensamento esquerdista, estão agora, como diriam os alunos de graduação, "problematizadas", exatamente porque tendem a ser a fonte de muito preconceito e perseguição sofridos por mulheres, gays, e negros.

Não é de surpreender que a conquista favorita dos europeus brancos, o chamado Iluminismo do século XVIII, tenha se tornado o vilão original da história. O momento em que convencionalmente se imagina que o liberalismo nasceu é, na verdade, quando suas pretensões morreram. No relato esquerdista da história, o Iluminismo teve como fim não a libertação de homens e mulheres da superstição e da tradição, mas a reorganização do mundo segundo os interesses do poder europeu. O Iluminismo transformou o racismo de um folclore preconceituoso em leis pseudocientíficas e enraizou a opressão das mulheres não apenas nos costumes, mas na pseudociência da medicina. A crueldade esporádica se transformou em punição sistemática, o carrasco mascarado foi substituído pelo diretor da prisão e o confinamento solitário, tudo em nome da ciência "objetiva". Giovanni Piranesi, com suas prisões e masmorras, é mais verdadeiramente um artista do Iluminismo do que David Hume, com seu ceticismo e sua simpatia.

Mas a tradição de esquerda não se dedica apenas a analisar os significados culturais insidiosos de narrativas falocêntricas e caramelos *macchiatos*. Nos últimos anos, um novo tipo de esquerda ativista emergiu na cultura dominante e desenvolveu uma análise teórica lúcida de classe e raça. Essa nova política pinta uma imagem familiar e ampla de opressão por meio de enquadramento e controle cultural, mas é flexionada pelo novo conceito de "interseccionalidade" e vinculada de maneiras complicadas ao que costumamos chamar de política de identidade.

Interseccionalidade é uma palavra assustadora para a direita e piedosa e pouco compreendida entre a esquerda mais cautelosa. Contudo, quando lemos os teóricos centrais da interseccionalidade — bell hooks (Gloria Jean Watkins) ou Kimberlé Crenshaw, por exemplo —, descobrimos que oferecer uma teoria de campo unificada de opressão cultural e econômica é um esforço impressionantemente ambicioso. As preocupações de vários grupos — a opressão de mulheres, gays e negros, a marginalização de outras minorias sexuais — podem parecer questões distintas. De fato, muitos ativistas liberais dedicados há muito as tratam como tal, buscando libertar os negros primeiro, as mulheres em segundo e os latinos depois. Mas elas *se interseccionam* de maneiras significativas para criar nós locais recorrentes de opressão e identidade. Elas se sobrepõem de muitas formas específicas. Fundamentalmente, vemos que essas diferenças são *essenciais* — a diferença é quem somos, e definir a sua diferença é o que o liberalismo não quer que seja feito. Em vez de descartar a diferença no solvente do universalismo liberal, o teórico interseccional argumenta que as pessoas deveriam enfatizá-la sem nenhuma vergonha — falar como uma mulher negra ou um homossexual hispânico, não ser silenciado ou forçado a falar a partir de um lugar que não seja o seu. E quando um cara branco fala, talvez fazendo uma reclamação, todos devem estar cientes de que *ele* está falando não como um observador desinteressado, mas como um homem branco, heterossexual e cisgênero, com interesses, preconceitos e uma história de sua classe.

As audiências de Anita Hill de 1991 são um bom índice — e talvez originalmente o estopim — do pensamento interseccionalista. Anita Hill falou sobre sua longa história de assédio sexual nas mãos de Clarence Thomas, de suas brincadeiras destinadas a humilhá-la e provocá-la. Apesar da óbvia veracidade de seu depoimento — e, um fato agora esquecido, seu apoio imediato no depoimento de outras mulheres —, ela foi posta em dúvida e depois ignorada, enquanto Thomas invocava o velho espectro do linchamento ("é um linchamento de ponta") para se justificar. Nem a compreensão da opressão racial, focada em homens negros, nem a da libertação feminina, focada em mulheres brancas de classe média, poderia oferecer um espaço cultural para uma negra, ou mulher negra, como alguns prefeririam, ser ouvida. A intersecção de sua opressão como negra e mulher a tornava invisível no quadro habitual. Não devíamos apenas tê-la ouvido como Anita Hill, mas também como uma mulher negra com uma história de silenciamento forçado compartilhado com muitos outros. Tratá-la apenas como uma testemunha individual roubava sua voz de sua verdadeira ressonância. Identidades sobrepostas reúnem sistemas sobrepostos de subordinação, de maneiras que não podem ser captadas pela simples adição: alguém pode ser negra, lésbica e da classe trabalhadora, mas não se pode simplesmente somar uma opressão à outra. Essas diferentes opressões interagem de maneiras específicas. O sexismo de meados do século manteve as mulheres brancas de classe média em casa e forçou mulheres negras da classe trabalhadora a trabalhar para elas. Seus interesses e suas experiências são diferentes.

Existem basicamente duas forças potentes na teoria do campo unificado da opressão da interseccionalidade. Uma é a alteridade pela qual a cultura dominante exclui os grupos marginalizados e impede-os não apenas de serem ouvidos, mas de se expressarem a partir de seu próprio local de fala — a força pela qual homens e meninos negros são reduzidos de seres humanos a superpredadores apavorantes e sem rosto que só podem ser policiados e controlados. A outra força é o motor positivo da diferença, por meio da qual os oprimidos podem afirmar seus próprios pontos em comum e pela qual os marginalizados encontram suas próprias vozes, sem vergonha alguma, na intersecção de suas próprias identidades, e não em outra qualquer.

A afirmação da diferença é uma forma de se opor às coerções insidiosas da cultura liberal dominante. O universo "daltônico" do liberalismo "neutro" é, na verdade, uma tentativa de apagar a identidade cultural e a história, como demonstra a divisão centenária entre nacionalistas e integracionistas negros. Os liberais insistem piamente em uma igualdade de oportunidades daltônica, quando apenas removem a realidade da história e da raça. *Plessy v. Ferguson*, a notória decisão da Suprema Corte "separados, mas iguais", embora oficialmente desatualizada, reflete essa distorção, que ainda existe. Tanto o negro quanto o branco são tratados como construções equivalentes, quando é nítido que têm histórias e usos totalmente diferentes — e os rótulos criam efeitos totalmente diferentes naqueles assim rotulados. Embora obsoleto do ponto de vista legal, o conceito permanece intacto no monumento permanente da dissimulação dos brancos. "Igual" perdura como um conceito, mesmo se "separado" for descartado de forma oficial. Se negros e brancos são basicamente iguais, por que os dois precisariam de algo mais do que uma equilibrada igualdade de oportunidades? Embora tenha começado na investigação das relações raciais, a tentativa dos teóricos da intersecção de rejeitar a alteridade enquanto insiste na diferença também se mostrou poderosa para outros grupos. O movimento #MeToo é inimaginável sem essa base intelectual. Mulheres que foram silenciadas — às vezes, literalmente — de repente podem "cantar o silêncio" de suas vidas interiores.

Essa é a maneira como a interseccionalidade às vezes é vista na versão ou no fundamento acadêmico — ou, talvez, dependendo de como datamos sua evolução, o efeito colateral — do que agora se chama política de identidade. Dizem que os liberais insistem há muito tempo que diferentes grupos devem ser estabelecidos em conjunto pela política prática em uma única unidade abrangente e convidados a olhar além de suas especificidades. Em contraste, a política interseccional diz que devemos olhar para nossas especificidades, reconhecê-las e afirmá-las sem vergonha nenhuma em nossa política. A afirmação enfática da diferença (sou e falo como um homossexual hispânico, sou e falo como uma lésbica asiática), com a sua recusa em aceitar a ideia de que o que realmente somos é, de uma forma ou de outra, menor, é a primeira premissa de libertação. É também desse tipo de análise que surge a crítica generalizada ao privilégio branco. Os brancos nos Estados Unidos estão tão agarrados aos seus próprios direitos imerecidos que os confundem com um estado natural. Vivem há tanto tempo em sua própria intersecção que nem conseguem olhar ao redor.

A resposta liberal ao radicalismo de esquerda é histórica e retoricamente fraca — embora, do ponto de vista histórico, também tenha se provado correta. Duvido que eu possa remediar isso por completo. A fraqueza retórica é nítida em qualquer campus universitário hoje. Quem não prefere ser ferozmente radical do que circunspectamente liberal? Quem não preferiria herdar um pouco da paixão do movimento romântico e suas rebeliões, em vez de se contentar com todas aquelas qualificações entre parênteses e bufadas de rinoceronte? É muito mais fácil convencer pessoas inteligentes de uma visão das necessidades de grande renovação social do que de exigências de pequenas reformas sociais. Desde a Revolução Francesa, toda a política ocidental tem sido praticada em uma inclinação moral à esquerda. As pessoas na França costumavam até ter um dito: "Melhor estar errado com Sartre do que estar certo com Aron." (O fato de agora provavelmente ter que explicar que Raymond Aron foi um grande pensador liberal conservador na França, certo sobre muito mais coisas no mundo do que Sartre jamais esteve, do stalinismo à resistência francesa, é em si um sinal da desigualdade de tratamento.) Esta é uma das coisas sobre os liberais que enfurece os conservadores constitucionais quando debatem e discutem entre si: os liberais sempre se apropriam, e geralmente lhes é concedida, da moral elevada, mesmo que seja feita de retidão medíocre e do refugo de velhas devoções.

Bem, se serve de consolo, os liberais sentem o mesmo em relação aos esquerdistas: eles convertem os jovens sem dificuldade, enquanto as objeções que nós, liberais, podemos oferecer sempre parecem tão fracas quanto um pai dizendo a uma adolescente que ela deve ter muito cuidado ao andar de carro com outros adolescentes que bebem. Parecemos idiotas em comparação ao garoto popular que dirige sem cinto de segurança com livros de Hunter Thompson artisticamente jogados no banco de trás.

Mas esse pai está, simples e invariavelmente, *certo* — dirigir bêbado é uma prática insana, e a censura liberal ao esquerdismo também está certa, mais ou menos na mesma base: dirigir embriagado pela retórica da mudança revolucionária é uma loucura, especialmente à luz de todas as fatalidades já registradas. As visões utópicas românticas, postas em prática, sempre falham e geralmente acabam em uma fatalidade.

Há uma regra trágica na vida do século XXI, uma regra de amnésia dupla: a direita tende a agir como se o século XIX nunca tivesse acontecido, enquanto a esquerda tende a agir como se o século XX nunca tivesse ocorrido. A direita age como se as respostas socialistas ao capitalismo — planejamento econômico, o estado de bem-estar social ou mesmo a economia keynesiana — fossem resultado de ideias abstratas malucas de estatismo impostas a uma população flexível por intelectuais loucos pelo poder, e não como foram na realidade, respostas iniciais à imiseração das massas, ao show diário de extrema pobreza e à ansiedade implacável que o capitalismo industrial produziu. A esquerda trata as lições óbvias e indiscutíveis do século XX sobre as revoluções radicais — sobre o fracasso da revolução na ausência de liberdade de expressão e debate aberto, de procedimentos parlamentares e experimentos de mudança em pequena escala — como se nunca tivessem sido aprendidas, e da maneira mais difícil. À esquerda, o produto não é apenas o pós-marxismo, mas o que chamo de marxismo fantasma, uma ânsia de usar o antigo vocabulário da revolução sem nenhum reconhecimento da história do que acontece quando as soluções são realmente experimentadas. É a *língua* da revolução completamente separada da evidência da experiência.

A resposta liberal às visões esquerdistas, antigas e novas, é, primeiro, que a injustiça econômica é evidentemente modificável dentro da ordem liberal, se tivermos determinação em fazê-lo. Em segundo lugar, que, embora o novo ataque radical ao liberalismo sugira uma política fervorosa, ainda não propõe uma política *prática* — que tenha maior probabilidade de ganhar eleições do que de impressionar os alunos do segundo ano em Sarah Lawrence. (Digo isso sem desdém, eu patrocinei uma estudante do segundo ano na Sarah Lawrence.) E, por fim — de uma forma que pode parecer tediosamente abstrata, mas, na verdade, é um efeito cotidiano em nosso raciocínio —, que todas as novas críticas radicais dependem de formas de determinismo e essencialismo que, no passado, sempre foram corretamente vistas como reacionárias e ainda se mostrarão falsos defensores de causas progressivas.

Para começar, as questões econômicas peculiares ao capitalismo devem ser separadas daquelas que prevalecem na modernidade. Quando, por exemplo, os esquerdistas contemporâneos tratam os desastres ambientais que assustam a todos nós como a guerra do capitalismo contra o planeta — ou, pior, do neoliberalismo contra o planeta —, estão engajados em uma campanha absurda do ponto de vista histórico. É correto se preocupar com desastres ambientais, mas o que os provoca é o impulso para o crescimento, não o capitalismo em particular. O grau e o nível do desastre ambiental causado pelo comando econômico da Europa Oriental foram muito maiores do que até mesmo os piores conhecidos na Europa Ocidental, e foram agravados por uma mídia controlada pelo Estado que não conseguia nem mesmo agitar uma débil bandeira de dissidência. O que aconteceu ao Lago Baikal durante o governo soviético nunca aconteceu a nenhum dos Grandes Lagos norte-americanos. O vilão em nossos desastres ambientais pode muito bem ser a culpa compartilhada da modernidade e da industrialização. Contudo, entender a poluição como um problema oriundo do capitalismo é não entender nada. Isso é marxismo fantasma: uma vontade de repetir as mesmas velhas pragas e assombrar as mesmas velhas casas sem ter a confiança de sair e ver o mundo como ele realmente é.

Essa incapacidade de ver as coisas como elas são só é intensificada pelos hábitos intimidadores do essencialismo e do determinismo. Este é a crença, já confrontada, de que uma rede hegemônica insidiosa de hábitos linguísticos impostos e preconceitos reforçados em nossa cultura nos deixa cegos para a verdadeira natureza das relações de poder — não só nos inclina ou molda parcialmente nossas respostas, mas de fato nos *cega*, nos impede de ver como os oprimidos são oprimidos. Não conseguimos enxergar além das categorias de nossas tradições ou ouvir além dos estereótipos de nossa linguagem.

Sem dúvida essas armadilhas devem estar entre as mais fracas já inventadas pelo homem, uma vez que aparentemente podem ser extintas por um semestre em uma escola secundária progressista decente. A ideia, por exemplo, de que a linguagem cria uma armadilha para nossa cognição ou coloca uma camisa de força nela, forçando-nos a uma visão de mundo ou outra, é uma das mais antigas e mais frequentemente (embora de forma inútil) dispersas das ideias modernas.

A discussão sobre os pronomes é um bom exemplo da tendência da esquerda de transformar uma questão de cortesia em uma

MILHARES DE PEQUENAS SANIDADES

questão de cognição. Este argumento afirma que usar pronomes masculinos em preferência aos femininos para substantivos coletivos, como tem sido a regra há séculos, é inerentemente sexista e ajuda a moldar nossas mentes em uma direção patriarcal. Devemos usar *ela* e *dela* em preferência a *ele* e *dele* e permitir que as pessoas inventem seus próprios pronomes para escolher sair de qualquer hierarquia baseada em gênero — usando, digamos, *ilu* e *dilu*.

Por uma questão de cortesia, devemos, de fato, sempre respeitar os pronomes das outras pessoas, assim como devemos respeitar seus nomes próprios. Devemos chamar alguém como essa pessoa deseja ser chamada. Por uma questão cognitiva, no entanto, não devemos achar que *qualquer* palavra, incluindo pronomes, pode incitar pensamentos que não queremos ter. O sistema de gêneros no francês, por exemplo — no qual todo objeto no mundo é ou masculino ou feminino — não altera de forma perceptível as realidades, ou desafios, do feminismo naquele país ou língua. Simone de Beauvoir escreveu no mesmo francês de gênero que seus contemporâneos retrógrados.

Pode haver toda uma indústria para coagir e ocultar, mas também existe uma prática social igualmente ampla para revelar os seus absurdos: chamamos isso de conversa e, em particular, de comédia. É difícil não saber o que está acontecendo. Podemos não conseguir mudar, mas sabemos. A cegueira em relação às nossas circunstâncias não é um problema de verdade. (Noam Chomsky, um herói de família, insiste que nosso consentimento é manipulado e nossa liberdade de expressão, controlada, mas ninguém no mundo teve menos problemas para ser ouvido de forma plena e abrangente do que Noam Chomsky. O que não ocorre é uma *concordância* universal com suas ideias — uma coisa muito diferente.)

Mas as pessoas da classe trabalhadora não são ainda efetivamente coagidas pela névoa que o capitalismo coloca sobre seus olhos

— todas aquelas distrações — a interpretar de forma errônea seus próprios interesses, tanto de diversões quanto de ressentimentos forçados? Com certeza, a mais profunda, a mais intocável — ou incurável — de todas as crenças de esquerda do século XX é que a classe trabalhadora de qualquer nação é intrinsecamente progressista e vota em líderes nacionalistas de direita, cujos interesses sem dúvida se alinham com os muito ricos, deliberadamente em razão de confusão plantada e "falsa consciência". Não importa quantas vezes isso aconteça, ou em quantos lugares, e quão resistentes à persuasão sejam os preconceitos da classe trabalhadora, ainda é a firme convicção daqueles de esquerda de que o povo estaria conosco se pudesse enxergar com clareza seus próprios interesses.

Não quero subestimar o poder que, por exemplo, o império da mídia Murdoch possui ou a assimetria entre o quanto a direita e a esquerda podem pagar por discurso público. Tudo isso é real. Mas o princípio de pessoas da classe trabalhadora que deveriam ser progressistas e não são é muito difundido na história de muitos países e eras diferentes para ser simplesmente explicado dessa forma. Dizemos que os trabalhadores são *distraídos* por aqueles propagandistas ricos por questões sociais. Mas também pode-se dizer que sua atenção está sendo *atraída* para as questões sociais — a verdade é que, se eles se alinharem aos progressistas, que talvez ofereçam plano de saúde para todos, também estarão dando a estes o poder de legalizar o casamento LGBTQIA+, banheiros para transgêneros e outras opções profundamente antitradicionais. Podemos não compartilhar dessas escolhas, mas não devemos ser complacentes com elas. De um ponto de vista inverso, é o mesmo que os judeus conservadores dizem sobre os judeus liberais: como podem não enxergar seus próprios interesses e, em vez disso, "votar como os porto-riquenhos"? O fato de os judeus liberais estarem dispostos a abrir mão de seus interesses imediatos em, digamos, impostos mais baixos para o bem maior de proteger as liberdades civis que acreditam ter sido essenciais para a sobrevivência judaica não é nem mais nem menos racional do que o do cristão que sacrifica o plano de saúde para evitar bolos de casamento LGBTQIA+. Não é nosso papel questionar as prioridades quando nossas próprias prioridades são, à sua maneira, igualmente "irracionais", isto é, refletem nossos valores, não nossos interesses. A consciência coagida é muito menos poderosa no mundo real do que a convicção consciente. Temos que trabalhar para mudar as convicções, e então a suposta "consciência" controlada também mudará.

Eu sei que parece estranho dizer que há um erro epistemológico por trás de um fracasso eleitoral — mas às vezes os erros de pensamento podem realmente levar a erros de tática, e a adoção do que é chamado de essencialismo por pessoas de mentalidade progressista é um exemplo. O essencialismo é a ideia, oriunda de Platão e que percorreu a corrente do pensamento ocidental, de que só chegamos a um conhecimento confiável descobrindo a *verdadeira natureza* de algo, que é fixa, eterna e durável. A essência de uma coisa *é* aquela coisa. O essencialismo nos faz perguntar o que são as coisas: O que é tempo? O que é espaço? O que é natureza humana? Ou, mais especificamente: O que é uma mulher? O que é negro? Qual é a essência do judeu?

Contra essa visão estão os nominalistas, triunfantes nas ciências naturais, que nos dizem que essas perguntas não levam a nada. Uma teoria científica da gravidade não pergunta o que é gravidade; em vez disso, tenta explicar por meio de uma teoria testável exatamente por que, como e por quais regras específicas as maçãs caem das árvores — e depois incorpora o nome "gravidade" ao resultado, como um pequeno rótulo. Darwin não perguntou o que é um pato; ele estudou a maneira como a variação nos indivíduos produziu tipos comuns e soube que depois incorporamos o nome "pato" como um pós-escrito às nossas observações. A gravidade não tem essência, nem mesmo os patos têm essência.

Uma crítica justa à esquerda contemporânea é que ela é tão essencialista quanto precisa ser em alguns momentos — e depois tão radicalmente antiessencialista quanto possível nos momentos imediatamente adjacentes. Analisando o ataque da esquerda ao liberalismo, encontramos um mapa do que pode ser chamado de essencialismo oportunista. As crianças aprendem em escolas progressistas que todos os gêneros são fluidos e construídos — exceto o das crianças transgênero, que é uma característica absoluta e essencial, estabelecida desde o início, e que nunca deve ser questionada. Todos os grupos raciais também são construções — exceto o da branquitude, que pode ser corretamente tratada como uma coisa real indiferenciada, uma essência compartilhada por seus detentores que distorce seus pontos de vista e desativa seu pensamento. Essa crença é mantida, embora o alcance e a chegada tardia dos participantes na branquitude sejam a melhor demonstração possível de que nunca existiu essência racial. Vemos essa ambiguidade nos casos contestados superpropagandeados — afirma ser judeu quem tem pai ou mãe judeus; afirma ser negro quem, bem, deseja ser. Podemos insistir com os rabinos que existe uma definição sanguínea de judeu; ou com os humanistas, que não existe. Mas não podemos insistir nos dois ao mesmo tempo.

Isso está longe de ser um argumento abstrato ou acadêmico. Tem tudo a ver com a forma como pensamos e falamos sobre liberdade e autoridade em nossas conversas cotidianas. O essencialismo nos diz para sempre perguntar pela autoridade por trás de uma ideia ou exigir a verdadeira origem de uma pessoa. O essencialismo nos faz perguntar: "O que ela *realmente* é? Quem disse isso? De onde isso (ou ela) vem?", quando na verdade deveríamos perguntar: Que relação o que está sendo dito tem com o que realmente acontece? Ou, de forma mais simplificada: Isso é verdade?

A ideia de que se deve rastrear a fonte de um argumento na direção contrária a suas origens, em vez de seguir adiante até a evidência de suas afirmações, é a principal doutrina da reação. Nestas páginas, tenho tentado ser cético em relação à combinação do liberalismo e da ciência de maneira muito estreita. O liberalismo precedeu a ciência moderna e o humanismo precedeu ambos — e o liberalismo não exige de forma alguma um compromisso exclusivo com o materialismo: é perfeitamente possível ser um católico liberal, um agnóstico liberal ou um rabino liberal.

Mas o antiessencialismo é exatamente o ponto no qual a mentalidade científica e a mentalidade liberal de fato se encontram em um antiautoritarismo comum. *Tudo* o que as ciências empíricas nos deram se baseia na crença radicalmente nova de que uma ideia é melhor avaliada não perguntando quem a concebeu e que autoridade tinha para criá-la, mas questionando quais fatos a sustentam e quais podem provar que é falsa.

Alguns grandes cientistas foram pessoas excepcionalmente admiráveis, como Charles Darwin e Einstein; outros, pessoas excepcionalmente estranhas, como Isaac Newton; outros ainda, excepcionalmente desagradáveis, como Werner Heisenberg. Alguns ricos, alguns pobres, uns racistas, outros não. Mas podemos dizer, sem dúvida, que a formação e a conduta, a classe ou a raça, do homem ou da mulher que elaborou uma teoria científica nada tem a ver com a verdade ou o valor dessa teoria como ciência. A intersecção de ideias formativas na biografia de um cientista pode ser um assunto intrigante — o abolicionismo de Darwin com certeza teve

Por que a Esquerda Odeia o Liberalismo

algo a ver com seu evolucionismo —, mas a identidade do cientista nunca caracteriza uma teoria como verdadeira ou falsa.

No passado, era típico dos movimentos totalitários, e particularmente dos reacionários de extrema direita, insistir que *só* podemos avaliar uma reivindicação se primeiro soubermos quem a faz e de onde vem. Isso produziu noções como o conceito nazista de física judaica. Einstein, sendo judeu, não poderia estar certo sobre o Universo; a teoria da relatividade poderia ser condenada de antemão pelo conhecimento da natureza racial essencial de seu criador. Todos aqueles que atacaram Frederick Douglass no período pré-Guerra Civil norte-americana insistiram que ele devia estar mentindo sobre sua história como escravo *porque* era negro. A arte moderna é ruim porque é a expressão dos judeus; jazz é ruim porque é música de "crioulo".

Insistir nas origens de uma ideia como a *prova* do seu valor é uma noção fundamentalmente reacionária — em muitos aspectos, é *a* noção reacionária fundamental. Falei de forma calorosa de G. K. Chesterton no capítulo anterior, mas ele também foi o antissemita mais influente de sua época na Inglaterra, e o cerne de seu antissemitismo era a crença de que os judeus são estrangeiros que se recusam a ser chamados assim. Isso significava que estavam errados mesmo quando diziam algo certo, pois eram as pessoas erradas falando; eram imitadores da virtude ou do anglicismo, que corrompiam o que era autêntico com seu toque. Essa foi a opinião constante de Chesterton sobre os judeus. Se eles simplesmente admitissem sua natureza distinta, seu "judaísmo", não teríamos que condená-los ao ostracismo. Se eles, por exemplo, usassem roupas diferentes, ficaríamos satisfeitos em permitir que falassem. (Sim, ele realmente propôs isso.) A obsessão pela diferença sempre consegue produzir alteridade com extraordinária rapidez e perversidade.

MILHARES DE PEQUENAS SANIDADES

Evocar o essencialismo oportunista é como acreditar estar ingerindo um veneno em pequenas quantidades com fins homeopáticos e, então, descobrir que ele se espalhou pelo corpo todo. Basta olhar, por exemplo, para a categoria de classe da burguesia para perceber a falácia essencialista operando de maneira traiçoeira. O termo foi, e ainda é, usado para se referir, com desdém, a uma categoria e um conjunto de filisteus limitados, de mentalidade material e egoísta que buscavam prerrogativas pessoais e familiares à custa de virtudes públicas. Popularizado na França — é uma palavra francesa, claro — ainda é usado, com escárnio, até hoje. Existem amenidades burguesas, visões de mundo burguesas e boêmios burgueses. Não há fórmula mais rápida para rejeitar as visões liberais do que reduzi-las aos interesses burgueses.

Mas, quando tentamos analisar o real conteúdo do burguês, ele desaparece em uma nuvem de especificidades contraditórias e indivíduos invisíveis. É uma classe essencializada sem referência. Como demonstrou com brilhantismo a historiadora Sarah Maza: "funcionou como uma contranorma crítica, uma personificação imaginária e ameaçadora do materialismo, do interesse próprio, do comercialismo e da cultura de massa". Ninguém *nunca* se autodenominou burguês. Foi uma invenção projetada para criar um contraobjeto conveniente, até mesmo um objeto de ódio.

Essencializar qualquer coisa a fim de contê-la ou rejeitá-la é sempre um empecilho para a reforma, pois o essencialismo *é* extremista em sua negação da pluralidade, da possibilidade, da ambiguidade, da dupla utilização, das múltiplas identidades. O poder do nominalismo está em dizer que isso pode ser uma série de coisas; escolheremos seu nome quando quisermos. Desistir do essencialismo não é um movimento acadêmico; é uma forma de contrariar o fanatismo da causa única. Uma crítica de esquerda que o emprega, mesmo que de forma oportunista, logo se verá presa no extremo da discussão pública. De certa forma, o interseccionalismo não vai longe o suficiente. Existem inúmeros nós na rede de categorias sociais. Nós os chamamos de pessoas.

Assim, os liberais pedem aos esquerdistas que desconfiem de um essencialismo ganancioso ou oportunista que pode ajudar a dispensar críticos hoje, mas que mina o projeto mais amplo de emancipação humana, um projeto que depende, em primeiro e último lugar, de ser capaz de ver categorias e tipos anteriores de pessoas reais e suas dificuldades. O antiessencialismo é o solvente universal do pensamento iliberal.

Com tudo isso em mente, talvez possamos retornar à polêmica questão do privilégio. É esclarecedor quando todas as pessoas que argumentam contra o conceito de privilégio branco são brancas. Mulheres negras, transexuais latinos e, é claro, também muitas pessoas brancas tendem a concordar enfaticamente com essa ideia, enquanto os homens brancos a contestam sozinhos. Quando apenas homens brancos insistem que não têm privilégios, é porque os têm.

Entretanto, privilégio é um nome menos curioso para algo mais interessante, que é a *sorte*. Ela é frequentemente concedida e muitas vezes conquistada. Todas as sociedades conhecidas na história da humanidade têm vários graus dela. Na verdade, todas as sociedades que podemos imaginar teriam *algumas* pessoas com mais sorte do que outras, mesmo que apenas em razão dos acasos de saúde e doença. (Até as sociedades de caçadores-coletores estão muito longe de ser perfeitamente igualitárias.) Aqueles que a têm tendem a enfatizar as partes que foram conquistadas com tra-

MILHARES DE PEQUENAS SANIDADES

balho, enquanto aqueles que não a têm veem as partes que foram concedidas no nascimento. Mas a escolha ética que a sorte traz permanece a mesma, seja ela conquistada ou concedida. Quem tem sorte pode tentar compartilhá-la ou decidir acumulá-la. Entre os acumuladores e os compartilhadores, há uma enorme lacuna histórica que define o que é liberalismo, o espaço onde ele começa.

O que se entende por privilégio branco não é bem uma descrição histórica da forma como a discriminação aconteceu, mas uma descrição da maneira como a vida ocorre *agora*. Um adolescente negro espera ser tratado com desconfiança imerecida de lojistas, motoristas de táxi, baristas da Starbucks e, pior de tudo, da polícia de uma forma que um adolescente branco — judeu, irlandês ou asiático — não espera.

Mas o liberal argumentaria: essa é de fato uma descrição do privilégio branco? Não é, na verdade, uma descrição do preconceito branco? (Muitas vezes, tragicamente estendido a outros subgrupos que passam a compartilhar os preconceitos.) Afinal, o privilégio deve ser a condição-padrão de *todos* que vivem como cidadãos em uma democracia liberal — isto é, sem qualquer suposição prévia sobre a própria história ou predileções. O objetivo da reforma social deve ser atrair cada vez mais pessoas para a categoria privilegiada, um ponto implicitamente concedido pelo próprio ato de seus críticos terem de empilhar cada vez mais privilégios nessa caixa. Enquanto na memória recente o privilégio herdado era o espaço especial da hierarquia WASP — branca, anglo-saxônica e protestante —, agora ele supostamente se estende a judeus e até a asiáticos. O que é descrito como privilégio não são direitos imerecidos apropriados por poucos, mas direitos fundamentais dos quais ninguém deve ser privado. Isso é, sim, universalismo liberal, porém, a razão pela qual os liberais são universalistas não é por achar que todos são sempre uma coisa só, e sim porque, sabendo que todos *são* muitas coisas ao mesmo tempo, querem que todos ajam com o máximo de integridade o tempo todo. Podemos aceitar a diferença e rejeitar a discriminação — essa rejeição é a exata razão para aceitar a diferença.

A existência de privilégios produz uma frustração compreensível em relação ao seu poder autorreplicante. O privilégio de fato é inerente ao dinheiro herdado. Foi contra isso que os radicais vitorianos reagiram. No entanto, não é nem de longe inerente à educação, que é exatamente o meio que deu à esquerda a possibilidade de vislumbrar o poder além do privilégio. Em uma primeira avaliação, *todas* as doutrinas radicais que mudaram o mundo foram criadas a partir de uma posição de privilégio: Kropotkin, o maior anarquista, nasceu príncipe, neto de um general cossaco, com mais de mil servos. Marx era um homem de classe média alta com os habituais preconceitos patriarcais desse grupo. Minha querida Emma Goldman era desprivilegiada, mas muito instruída; o estudo foi seu trampolim para a igualdade. Todas essas realizações parecem obviamente independentes de suas origens, assim como Darwin era um marido comum que compartilhava alguns dos valores de seu tempo e classe e subvertia outros por completo. A vida real evolui a partir de tensões e contradições, não de categorias ordenadas de certezas. A verdadeira observação social começa quando investigamos exatamente como essas contradições se interseccionam — para que alguém possa ser um chefe de família vitoriana e autor de ideias que subverteram toda a concepção de uma hierarquia natural. Foi o que George Eliot testemunhou. É assim que ocorre a ascensão social.

O liberal honesto se apressa em acrescentar que o que agora é chamado de política de identidade, na verdade, sempre existiu. No familiar quadro liberal, derivado do New Deal, os grupos de pressão, como costumavam ser chamados, foram aplacados um a um, muitas vezes de maneiras muito mais absurdas e autoanulantes do que são agora. O lendário memorando de 1947 que Clark Clifford, um conselheiro da Casa Branca, enviou a Harry Truman (talvez tenha tido vários autores) delineando o que era então um caminho improvável para a vitória na eleição presidencial, simplesmente lista todos os grupos de pressão do lado dos Democratas — fazendeiros, judeus, negros, trabalhadores organizados, sulistas — e explica como mantê-los na palma da mão sem ter que descartar nenhum, como se fosse um *gin rummy* político, um dos jogos de cartas populares da época. Agrade-os o suficiente e eles votarão. E votaram. Mesmo que tenham sido atraídos por temas abrangentes que, em público, se dirigiam ao bem comum, o essencial era agradá-los em particular, dando-lhes o que queriam. Se isso não foi política de identidade, é difícil saber o que seria.

Portanto, o problema não é que a identidade ou a política de grupos de pressão sejam novas ou estranhas à democracia liberal, mas que o objetivo do jogo político com esses grupos de pressão é estabelecer uma mão vencedora. Podemos pedir e até persuadir as pessoas a estenderem os direitos de que desfrutam a outras pessoas. Podemos lhes pedir, às vezes com sucesso, que compartilhem em vez de acumularem — até mesmo exigir que o façam. Ao longo da história, esse tem sido um projeto social de muito sucesso. É por isso que sete mineiros de carvão chegaram ao governo britânico um pouco mais de cinquenta anos depois que essa classe obteve o sufrágio. Silenciar as pessoas, ou dar-lhes a forte sensação de que não estão sendo ouvidas, é, historicamente — como pessoas marginalizadas devem ser as primeiras a reconhecer —, um projeto social completamente *malsucedido*.

O único problema da política de identidade é garantir que se tenha identidades suficientes em mãos para construir uma política genuína. Ou a política democrática é uma matemática inclusiva ou não é nada. Ela nunca será bem-sucedida como um exercício de excomunhão.

Assim, a interseccionalidade parece vir em duas versões, uma útil e outra nem tanto. A versão sofisticada consiste em esses nós identificarem tipos de diferença e, com isso, tipos de opressão que são invisíveis para a maioria dos olhos. (Os judeus gays que tanto fizeram para construir o modernismo são um bom exemplo. Ser judeu *e* gay era uma verdade clandestina, central para seu poder e sua situação desfavorável; e, claro, ser judeu e gay hoje é uma confluência diferente de grupos, com tanta probabilidade de produzir um magnata da internet quanto um vanguardista inspirado.) Ao nos pedir para enxergar como esses papéis sociais se interseccionam de maneiras opressivas, os novos tipos de análise podem abrir nossos olhos para verdades ocultas. A versão menos interessante perde a fluidez de sua própria observação social e simplesmente transforma essas interseções em tipos fixos — não muito mais significativos do que os librianos ou virginianos da astrologia. Munida para afirmar uma autoridade incontestável que deriva de um determinado conjunto de identidades, a consequência lógica é tornar *qualquer* identidade definida tão individualmente que deixa as pessoas sem autoridade para falar por ninguém mais além delas mesmas. (Como vimos, a ênfase na diferença é, acima de tudo, uma característica também do pensamento da extrema *direita* na Europa.)

Todos nós podemos falar apenas por nós mesmos. Mas podemos falar *a* tantos outros quanto estiverem dispostos a ouvir. Essa assimetria é o que possibilita a conversa pública. O que importa não é quem diz, mas a sanidade do que é dito.

MILHARES DE PEQUENAS SANIDADES

Pensar em discussões e debates públicos nos leva a outra questão tempestuosa — não há como escapar —, a da liberdade de expressão e seus dissabores. Não há questão sobre a qual liberais e esquerdistas discordem mais profundamente — ou mais radicalmente, se preferir — do que na questão de quão livre a expressão é e deveria ser. A visão liberal da liberdade de expressão chega até nós a partir de "Sobre a Liberdade", documento fundamental de Mill, de 1859. Quando se trata de liberdade de expressão, Mill deseja que façamos uma pergunta simples: essa prática está me causando algum dano real? Não dano potencial aos meus sentimentos, dano social à minha ideia de direito, dano aos grandes preceitos da religião, ao senso de propriedade do meu tio careta ou ao meu senso interno de segurança. A menos que o orador esteja realmente prestes a cortar sua garganta, é preciso deixá-lo falar. Mill sabia que assuntos impossíveis de se decidir por prova ainda eram passíveis de discussão. A posição autoritária não é a mais forte, apenas a mais assustadora. Nada é pior por ser examinado; nenhuma ideia é boa o suficiente para existir sem oposição.

Para os liberais, a liberdade de expressão é um princípio quase sacrossanto e deve ser restringido apenas no extremo absoluto. A liberdade de criticar sem medo é essencial para a busca de novos conhecimentos, e, sem novos fatos — e as novas ideias que eles disciplinam —, não podemos reformar nossas ideias ou nosso comportamento. A história nos diz que a blasfêmia de hoje é a autoevidência de amanhã, que a visão mais crítica que anunciamos hoje pode acabar sendo a sabedoria de amanhã. O governo monárquico não deveria mais existir? A educação não deve ser oferecida apenas pela Igreja? Bem, essas opiniões são obviamente razoáveis hoje, talvez até majoritárias, mas houve um tempo em que sua própria vida era posta em risco ao expressá-las. Você poderia ter membro após membro arrancado em um palanque público por exprimi-las. Essa época foi um período pré-liberal ou antiliberal. Nunca devemos voltar a ele.

Para a esquerda, por outro lado, a liberdade de expressão é sempre um objeto de poder e sua invocação, muitas vezes, uma máscara para ele. A afirmação liberal da liberdade de expressão nunca deve ser vista como um valor fora do contexto mais amplo de poder: quem fala, como o discurso é ouvido e como os ouvintes desse discurso podem sentir-se magoados ou ameaçados. A ideia de liberdade de expressão de Mill é o que hoje chamamos de elitista ou restrita à classe. Ele assume uma discussão agradável entre cavalheiros, ou, no máximo, cavalheiros e damas. Ele não imagina de forma apropriada a maneira como o discurso é comprado e vendido para manter os perseguidos no próprio lugar. Não sabe o que é realmente ouvir ódio dirigido a você ou a seu grupo. Liberdade de expressão é bom; pessoas livres é melhor.

A visão de que a liberdade de expressão é apenas um dos muitos valores concorrentes sobre os quais devemos pensar no debate público não precisa ser trivial. É possível ser um liberal impecável e ainda assim acreditar em limites nítidos ao que pode ser dito no discurso público. Outra de minhas heroínas liberais, por exemplo, é a juíza Rosalie Abella, da Suprema Corte do Canadá. Filha de sobreviventes do Holocausto, nascida em um campo de deslocados na Alemanha, ela foi para o Canadá ainda criança e se tornou uma advogada eminente, e depois uma juíza ainda superior, sem nunca perder seu toque trivial e seu calor humano — *todos* a chamam de Rosie.

Mas ela, embora a mais feroz entre os defensores de um judiciário independente de pressões políticas ou executivas — um tópico que defendeu tanto em Israel quanto no Canadá —, também está longe de ser uma absolutista da liberdade de expressão. O Canadá, como vimos, nasceu como um país multicultural, com grande respeito pelas exigências e sensibilidades particulares de seus dois povos fundadores, o inglês e o francês — com o povo das Primeiras Nações sempre servindo de presença tutelar, mesmo que nem sempre tratado como tal —, que então se estendeu a todos os outros povos imigrantes que fazem do Canadá um país tão diverso e brilhante. (Todas as manhãs, no ônibus para a escola, eu passava pela delicatessen kosher Notre-Dame-de-Grâce; ninguém achava essas misturas acidentais de coexistência religiosa nem mesmo vagamente estranhas. A história da tolerância canadense não é perfeita, mas é menos imperfeita do que a de quase qualquer outro país.)

Como consequência, os canadenses entendem que as liberdades civis e os direitos humanos, longe de serem uma consequência natural um do outro, são duas forças em contínua tensão. Abella escreve que "as liberdades civis nos deram o direito universal de sermos igualmente livres de um Estado intrusivo, independentemente da identidade do grupo; os direitos humanos nos deram o direito universal de sermos igualmente livres de discriminação *baseada* na identidade do grupo". Precisamos dos dois. Como ela argumentou e julgou, com certeza podemos considerar limites à liberdade de expressão no que diz respeito aos sentimentos de um grupo marginalizado: "uma limitação à liberdade de expressão só passará pelo escrutínio constitucional se for um limite razoável que pode ser comprovadamente justificado em uma sociedade livre e democrática". O discurso de ódio é real e deve ser impedido. Para usar um exemplo mais vívido, o Canadá tem leis rigorosas contra o discurso de ódio. A negação do Holocausto, na visão canadense, pode ser simplesmente uma mentira, ferindo nossa memória, e um ato de crueldade deliberada para com aqueles que sobreviveram aos campos. Você não pode dizer isso porque não é verdade e causa danos.

POR QUE A ESQUERDA ODEIA O LIBERALISMO

Mas a lei do discurso de ódio tem aplicações mais amplas. Um caso julgado na Suprema Corte do Canadá foi contra um homem de Saskatchewan que distribuiu literatura antigay, acusando professores gays de compartilhar "depravação e propaganda" e ensinar "sodomia" a seus alunos. Outro de seus panfletos mostrava que a Bíblia define claramente a homossexualidade como "abominação" e que Sodoma e Gomorra foram "destruídas pela ira de Deus" como resultado da "perversão" homossexual. (Nos Estados Unidos, essas opiniões são comuns; o panfleteiro provavelmente conseguiria uma cadeira em um tribunal federal.) No Canadá, a Suprema Corte considerou que a lei provincial que o forçou a cessar a distribuição dos panfletos era inteiramente constitucional. "O objetivo de prevenir os danos causados pelo discurso de ódio às minorias era importante o suficiente para justificar a limitação da liberdade de expressão, ainda mais uma expressão de pequeno valor social."

Portanto, a fé liberal na liberdade de expressão não precisa ser absoluta para permanecer liberal. A tolerância é uma virtude positiva, mas tem limites — e os limites são danos causados a pessoas ameaçadas ou marginalizadas.

Essa visão é, para um absolutista da liberdade de expressão norte-americano, alarmante, se não repugnante. Quem são os juízes para decidir que dano pode ocorrer a uma minoria? A publicação de *Os Versos Satânicos* não poderia causar danos semelhantes às minorias? Alguém poderia replicar que essa é uma literatura significativa e não panfletagem de "pequeno valor social". E quem é que decide isso?, pergunta um advogado da União Americana pelas Liberdades Civis. Um juiz? Um conselho de juízes? A história sugere que esse é um bom guia para o valor permanente? O direito de zombar da religião sem dúvida não pode ser menos importante do que o direito do religioso de não ser criticado.

Ao mesmo tempo, os liberais podem entender e reconhecer que existem muitas maneiras pelas quais o discurso acontece. É de compreensão geral que o discurso comercial é sempre limitado: não se pode anunciar uma cura para o câncer que não funciona. E, claro, há o famoso verso sobre incêndio e teatros. Não se pode falar livremente para colocar uma vida em perigo. Portanto, não é ambíguo dizer que há muitos pontos possíveis sobre questões de liberdade de expressão e que o absolutismo norte-americano está longe de ser o único tipo verdadeiramente liberal.

Contudo, também é necessário dizer que nossa base deve ser tão *próxima* do absoluto quanto possível. A atitude liberal decisória sobre as maneiras como podemos restringir ou circunscrever a liberdade de expressão tem como premissa óbvia que a expressão deve ser livre. Devemos fazer tudo o que pudermos para reforçar a diversidade de opinião, mesmo enquanto lutamos para atender a uma diversidade de grupos. A visão esquerdista ou radical é que a liberdade de expressão é menos fundamental do que o direito de proteger as diferenças, o direito de não se sentir ameaçado, prejudicado ou atacado, e o direito de não ter que tolerar visões intoleráveis. O liberal acredita que a tolerância deve ser tão tolerante quanto possível. A liberdade de expressão é um valor fundamental a ser limitado apenas em circunstâncias extremas.

A discordância é real e profunda, e as tentativas de restringir a expressão nos campi universitários são muito alarmantes para os liberais exatamente porque a premissa inicial não parece ser a liberdade de expressão em primeiro lugar, restrita conforme necessário, mas os direitos humanos ou a justiça social, para serem impostos como necessário. A resposta radical, basicamente, é que o discurso da direita não precisa do apoio dos progressistas porque já tem o apoio de Rupert Murdoch. Por mais real que seja o problema das liberdades civis nos campi, ele é muito menos preo-

POR QUE A ESQUERDA ODEIA O LIBERALISMO

cupante do que o poder do discurso corporativo ou a presença diária de discurso de ódio na mais alta fonte de poder dirigido a grupos ameaçados. Para todos os efeitos, jovens universitários atirando ovos contra a porta de uma professora porque não gostaram do que ela disse não é nada semelhante a assistir à Fox News apresentando um fluxo constante de mentiras sobre pessoas trans, estupradores mexicanos e tudo o mais. Não ver isso é não enxergar o mundo como ele realmente é.

Pessoas adultas são capazes de contar até dois. Ambos os grupos estão errados. Como em todas as controvérsias humanas, as limitações do discurso dependem das peculiaridades: temos que olhar caso a caso e especificidade por especificidade. A crítica aos ideólogos religiosos pode ser muito diferente da negação do Holocausto, mesmo se ambos forem incluídos sob a designação de "discurso de ódio". Ainda mais fundamental que a liberdade de debate é *o* instinto liberal fundamental de que não há como escapar das especificidades do mundo. Não há como ignorar as particularidades. Temos que fazer mínimas discriminações significativas entre, digamos, as pessoas que são convidadas para um campus universitário simplesmente como provocação e aquelas que lecionam e têm o direito de expressão irrestrita até mesmo das opiniões mais heterodoxas. Temos que distinguir entre o ódio genuíno dirigido a um grupo étnico e a blasfêmia ousada dirigida a uma ideologia. Precisamos distinguir entre insultar as crenças de alguém — algo que nenhum de nós aprecia, mas que todos temos de suportar — e ameaçar a segurança de alguém.

Essas distinções podem parecer difíceis de fazer, e com frequência são. Mas os liberais acreditam que o trabalho da sanidade social é analisar os detalhes. A primeira premissa deve ser pluralismo e tolerância; o último recurso deve ser sua repressão. Um caminho sem volta? Todos eles são. Foi assim que Mill chamou a liberdade. Sempre que caminhamos um pouco mais, o que encontramos no passado não é uma passagem para o inferno, e sim mais ar e mais pessoas respirando livremente.

Voltemos, porém, ao ponto de partida, à questão do Congo, seu genocídio e a responsabilidade liberal. Uma razão pela qual o liberalismo está em desvantagem retórica contra o radicalismo de esquerda é, simplesmente, que grande parte da crítica radical ao liberalismo é *verdadeira*, e a melhor resposta é dizer: você tem razão. Vamos melhorar. Devemos fazer mais. Falamos, ou tentamos falar, nas palavras do Rei Lear durante a tempestade, quando ele ficou ciente da enorme gama de sofrimento humano a qual não enxergava previamente:

> Oh! Eu me preocupei bem pouco com vocês!
> Pompa do mundo, é este o seu remédio;
> expõe-te a ti mesmo no lugar dos desgraçados,
> e logo aprenderás a lhes dar o teu supérfluo,
> mostrando um céu mais justo.

(Lear na charneca é um furioso radical. Nós nos lembramos dessa cena claramente. Mais seguro em sua pequena cabana, ele se torna mais parecido com um liberal.)

Liberalismo *é* falibilismo. Não começa com uma ideia excessivamente otimista da natureza humana. É exatamente o contrário — começa com a compreensão original de Montaigne de que qualquer governo, governante ou sistema de ordem será falho, dividido, inerentemente injusto e incapaz de reconciliar todos os lados de sua natureza. Esse falibilismo não é algo que chega tarde e de forma reprovadora à tradição liberal; é o cerne dela. É por isso que consideramos Montaigne como o primeiro liberal verdadeiro.

Essa não é apenas a concepção central do humanismo liberal; é sua *competência* central. É o ponto em que todo aquele cansativo procedimento de regras liberais — a insistência em seguir instruções feitas para garantir tratamento igualitário, como uma fila de espera na porta do Detran do liberalismo — é essencial para sua tarefa de expressar valores humanos. Eles se encontram na ideia de que o poder não pode controlar a justiça. Quando temos uma reclamação contra poderosos, podemos apelar para algo como uma instituição imparcial. As liberdades "meramente formais" do regime liberal se revelaram vitais para a verdadeira liberdade.

O liberalismo transforma a ideia de falibilidade em uma prática política ao tentar não ter muito poder concentrado em um só lugar ou parte do sistema. A poluição na Europa Oriental era tão catastroficamente extrema não porque o capitalismo corporativo é virtuoso e as economias autoritárias são maléficas, mas porque o capitalismo corporativo está, até agora, acorrentado a uma sociedade liberal — com certeza contra sua própria vontade — e muito preso aos constantes processos de feedback da opinião pública e dos tribunais liberais. Não é possível se safar de tudo. Isso é possível em uma economia autoritária porque o poder, a justiça e a liberdade de expressão são regulados por um único sistema.

Nem é preciso dizer que é difícil e incerto insistir nessa concepção, mas o surpreendente é a intensidade e a frequência com que funciona. E é por isso que a primeira coisa que os inimigos do liberalismo sempre querem fazer é colocar os tribunais e o sistema de justiça sob controle pessoal ou partidário. A divisibilidade do poder é a garantia do protesto.

Os horrores do colonialismo aconteceram e continuam sendo uma censura constante à tradição liberal. Essa é uma das razões pelas quais pessoas compassivas e inteligentes nunca devem ser seduzidas ou impressionadas por alguém que fala sobre os valores ocidentais ou a civilização ocidental como se esta não fosse um disfarce barato para uma grande variedade de empresas — algumas impressionantes, outras, inimaginavelmente cruéis. A civilização ocidental é o genocídio belga — e com certeza o genocídio judeu — tanto quanto Darwin e o sistema de esgotos.

Contudo, ao longo dos séculos, o falibilismo central ao liberalismo garantiu dentro dele uma consciência corretiva. As atrocidades podem vir de dentro da ordem liberal — assim como a necessidade de corrigi-las. Não só os protestos específicos, mas a ideia do protesto como uma alternativa viva constante à injustiça também é particularmente liberal. Faz parte de sua crença na constante *necessidade* de reforma.

O desejo de cometer atrocidades é padrão em todos os sistemas humanos; o desejo institucionalizado de corrigi-las, não. A Igreja Católica tem que ser arrastada ao longo dos séculos para se desculpar por ameaçar torturar Galileu — ou por décadas, ainda hoje, para responder pelo pesadelo do abuso sexual. Não que os cardeais sejam pessoas piores do que, digamos, reitores de universidades, mas eles trabalham dentro de um sistema projetado especificamente para suprimir dissidentes, ampliar o sigilo, impor a hierarquia e invisibilizar os pecados oficiais tão discretamente quanto possível. A base lógica para isso é clara e, quando sincera, talvez até admirável: as maldades cometidas pelos padres são um "escândalo" para a fé verdadeira, e já que ela *é* verdadeira, e essencial não apenas para engordar as carteiras de alguns homens, mas para salvar as almas humanas por toda a eternidade, a Igreja seria louca se permitisse que os hábitos falíveis de cem ou duzentos clérigos se interpusessem em seu caminho. Esta é, em seus próprios termos, uma crença perfeitamente consistente.

Mas não é liberal. A velha censura exasperada dirigida ao liberal — de que um liberal não consegue nem concordar consigo mesmo — é um sinal da consciência corretiva em constante atuação. Esta outra expressão de ordem desdenhosa, *culpa liberal*, não passa do falibilismo se fazendo sentir internamente.

Pois, junto com os horrores que o liberalismo suporta ou mesmo causa, encontramos pessoas liberais dispostas a se levantar e dizer que realmente *são* horrores. Já vimos um exemplo, quando o líder liberal britânico Gladstone citou os "horrores búlgaros", as atrocidades cometidas na década de 1870 pelo Império Otomano, como uma questão que importava para todos, mesmo que os próprios britânicos não fossem diretamente responsáveis por eles. Consideremos a revolta da Jamaica na década de 1860, tão brutalmente reprimida pelas autoridades britânicas — mas também como, apesar de a estrutura de poder estabelecida apoiar a crueldade, os principais esclarecidos liberais da época, incluindo Darwin, Mill, Huxley e Leslie Stephen (pai de Virginia Woolf), se levantaram em protesto e exigiram que se fizesse justiça aos "amotinados" e que fosse aplicada uma punição ao governador britânico da Jamaica.

O terrível caso do Congo Belga é semelhante. O remédio parcial para o horror — o apelo e a consciência sobre ele — veio do sistema liberal de autocorreção. Deixe-me apresentar a você mais um importante liberal — ambivalente e irresoluto como muitos de nós somos, sendo humanos —, E. D. Morel. Foi ele, um reles encarregado de navio em uma empresa de Liverpool, que viu, em visitas à Bélgica, uma discrepância sinistra entre o que era enviado para o Congo — armas e munições — e o que voltava: borracha e marfim. Ele fez a dedução correta sobre o significado desse "comércio" e começou uma cruzada para expor as crueldades no Congo. Em uma ordem notavelmente curta, ele recusou o que era, na verdade, um suborno para permanecer em silêncio e deixou a empresa para se tornar jornalista, por fim começando seu próprio jornal, o *West African Mail*. Ele investigou o assunto de forma implacável, recrutou uma equipe consideravelmente ilustre de testemunhas e escritores para sua causa, incluindo Arthur Conan Doyle, Joseph Conrad e Mark Twain — que, no clima sombrio que envolveu o fim de sua vida, escreveu um monólogo satírico amargo, "O Solilóquio do Rei Leopoldo". Finalmente, em 1903, Morel viu uma resolução condenando as crueldades passar pela Câmara dos Comuns e, mais tarde, a formação de uma comissão de inquérito belga, que confirmou todos os seus relatos. A concepção do Congo como um feudo real privado do rei, que permitira que o holocausto acontecesse, acabou. Nada disso restaurou as vidas ou os membros daqueles que foram mortos e mutilados. Porém, longe de ser enterrado e esquecido, foi exposto e revelado por instituições liberais. Tarde demais? Sim, tarde demais. Mas as pessoas viram e gritaram, e seus gritos foram amplificados, não suprimidos, pelas instituições liberais.

Morel passou a se comportar bravamente como um pacifista preso na Primeira Guerra Mundial, ao lado de Bertrand Russell — e depois, aos nossos olhos, com muito menos bravura, quando passou a criticar as atrocidades cometidas pelo exército francês na guerra, cuja culpa ele curiosamente jogou, dada a sua coragem em relação ao Congo, apenas nas tropas negras africanas. O falibilismo é um fato universal. Mas, no momento crucial, a capacidade de Morel de agir e ser ouvido era possível somente para um temperamento liberal em um Estado liberal.

O que o liberalismo pode dizer em sua própria defesa é que nenhum sistema de poder na história humana se empenhou tanto para injetar uma consciência corretiva em suas instituições. Não é apenas o fato de os indivíduos dentro de sociedades liberais agirem contra atrocidades, mas de que as instituições liberais estão lá para proteger suas queixas. (Nunca sem dificuldade, mas, pelo menos até agora, quase sempre.) O próprio fato de que a maior censura da esquerda ao liberalismo seja nutrida e protegida dentro daquelas instituições liberais por excelência, as universidades de pesquisa, não é uma hipocrisia a ser desculpada, como alguns conservadores ainda insistem, mas uma especificidade reluzente a ser elogiada como um exemplo de sabedoria liberal. O objetivo da educação liberal sempre deve nos tornar extremamente cientes dos atos iliberais. O fato de agora estarmos mais cientes de quantos deles foram cometidos ao longo dos séculos pelo próprio liberalismo é um progresso positivo que deve ser parabenizado. Basta comparar esse processo com o de todos os Estados autoritários — nos quais não apenas a consciência corretiva, mas *toda* a crítica, incluindo feedback empírico mínimo, é proibida ou minimizada — para ver por que o Estado liberal pode confrontar e, às vezes, corrigir suas próprias injustiças mais rapidamente do que qualquer outra sociedade da história.

"Ok, tudo bem", ouço novamente um impaciente interlocutor radical dizer, e mais uma vez soa um pouco como você, Olivia: "Você simplesmente se apropria dos triunfos da social-democracia e os chama de liberalismo. Isso é fácil de fazer. Basta reivindicar as coisas boas para o seu credo, jogar a culpa pelas ruins no do outro, encolher os ombros e dizer — quando uma atrocidade que seu credo realizou for apontada — 'Bem, ninguém é perfeito!' É exatamente por isso que as pessoas odeiam os liberais. Eles são convencidos e presunçosos."

No entanto, quando os liberais assumem o crédito pelos êxitos do Estado social-democrata — pelo sistema de saúde nacional, pela previdência social e pelo cobertor de bem-estar social que mantém as pessoas amparadas, um termo melhor do que *rede de segurança* —, estamos apenas sendo precisos. Os social-democratas são socialistas que viram a luz liberal. Posso fazer uma analogia um pouco absurda, mas apropriada? The Byrds foi uma banda de rock norte-americana da Califórnia que primeiro usou cabelo comprido, tocou guitarra elétrica e criou grandes sucessos com versões plugadas (com guitarra e baixo, além de bateria) de canções de Dylan, incluindo "Mr. Tambourine Man". Na época, disseram que eles eram os Beatles Dylanizados, mas a grande crítica de rock Ellen Willis ajudou a construir a própria reputação ao apontar que eles eram Dylans Beatleizados — garotos da mesma origem de Dylan que tinham ouvido os Beatles e que passaram a usar instrumentos elétricos (como o próprio Dylan). Foi um ponto crucial na história do rock. Justificou a preferência pelo high pop em vez das canções folk de protesto. Priorizou o pop. A diferença entre Beatles Dylanizados e Dylans Beatleizados parecia pequena, mas significava tudo.

Da mesma forma, os social-democratas não são democratas que se tornaram socialistas, mas, historicamente, socialistas que se tornaram liberais. Na França, na Inglaterra e em outros lugares, eles lutaram e se engajaram muitas vezes de maneira amarga e até violenta com grupos comunistas e outros grupos de extrema esquerda, rejeitando sua insistência de que a justiça social só poderia acontecer depois de uma revolução e da ditadura do proletariado. Mas os social-democratas aprenderam que obedecer às regras da democracia parlamentar dava acesso à mudança social por um

POR QUE A ESQUERDA ODEIA O LIBERALISMO

caminho rápido e sem os campos de concentração e os assassinatos em massa. Clement Attlee, o santo líder do Partido Trabalhista britânico de meados do século XX — mais santo por ser totalmente são ao ponto do tédio completo —, rejeitou o comunismo em favor da política parlamentar. (Ele foi supostamente o modelo do primeiro-ministro para quem James Bond trabalhou contra a SMERSH.) Sentou-se ao lado de Churchill durante a guerra e o apoiou incondicionalmente, depois levou o Partido Trabalhista ao poder por meios pacíficos, rejeitando todas as políticas internas de Churchill — e renunciou quando o Partido Trabalhista perdeu a confiança do país pelos mesmos meios. Attlee era um político de mentalidade socialista que trabalhava de maneira resoluta dentro de uma estrutura liberal. A social-democracia é uma forma de liberalismo adaptado — o que não é de surpreender, visto que o liberalismo é uma injunção de adaptação constante.

Os liberais social-democratas sempre acreditaram que as economias de livre mercado são um motor de produtividade e prosperidade; e que, se deixadas à própria sorte, invariavelmente também produzem primeiro prosperidade, depois desigualdade, depois uma bolha e, em seguida, a bolha estoura. Para usar uma das minhas expressões idiomáticas favoritas emprestada do francês, adultos deveriam ser capazes de contar até dois. O desafio é conseguir a produtividade sem explosão, ao mesmo tempo que se tenta reduzir a desigualdade. Essas visões são centrais à tradição liberal — é por isso que Mill, que acreditava tão apaixonadamente na liberdade, também se autodenominava socialista. O neoliberalismo, o bicho-papão da esquerda atual, a crença de que as soluções do livre mercado resolverão tudo, é uma espécie de pássaro cuco bebê colocado no ninho liberal — às vezes alimentado, sem dúvidas, por pais adotivos liberais em pânico, mas que não faz parte, de forma alguma, da linhagem genética liberal.

A boa notícia é que esse desafio não é tão grande assim. Construir uma máquina de movimento perpétuo é um desafio. Criar uma sociedade de livre mercado com forte seguro social, igualdade de educação e assistência médica garantida para todos — existem muitas grandes sociedades assim — não é magia. Centenas de milhões de pessoas são cidadãs de tais sociedades na Europa, no Canadá e na Austrália, não apenas nos países nórdicos às vezes excessivamente idealizados. Essas sociedades são imperfeitas. *Todas* são. Elas podem ser melhoradas — ser mais justas, mais gentis, mais confiáveis — com o tipo certo de pressão nas partes parlamentares certas. Apresentam problemas próprios, mas isso não ocorre porque o capitalismo está novamente em crise, mas porque toda sociedade está *sempre* em estado de mudança, que podemos chamar de crise para torná-lo sinistro —, apresentando problemas, com vários graus de gravidade, que precisam de uma reforma corretiva. Nenhuma sociedade imaginável *não* apresentaria essas características: as sociedades liberais tentam antecipá-las e tratá-las; sociedades autoritárias tentam disfarçá-las ou escondê-las, ou, quando não podem mais escondê-las, encontram alguém para culpar. Uma sociedade, como uma revista semanal, é uma longa crise perpétua. O nosso trabalho é resolver uma crise por tempo suficiente para chegar à próxima.

Espero que seja óbvio o quanto admiro Emma Goldman como escritora e ativista. Entretanto, na porção final de sua vida, ela estava tão ocupada testemunhando a verdade essencial que seus camaradas esquerdistas não queriam ouvir — de que a Revolução Russa foi uma catástrofe brutal e sangrenta —, e tão consumida por tentar sobreviver, que não conseguiu enxergar o que estava debaixo do seu nariz: que ela foi capaz de se refugiar em Londres e mais tarde em Toronto, Winnipeg e Montreal porque, por mais imperfeitas que fossem essas terras liberais com seus muitos preconceitos, elas não tinham instrumentos de coerção, nenhuma linha partidária única ou polícia secreta. (Os Estados Unidos, em alguns momentos, tiveram, e isso quase os destruiu. Felizmente, mesmo J. Edgar Hoover, um homem tão mau em seus métodos quanto Lavrenti Beria, foi incapaz de aniquilar seus inimigos.)

Para usar uma locução contemporânea, Goldman nunca parou para "teorizar" essa discrepância. A Londres para onde fugiu depois de sua estadia na Rússia era fria e nebulosa — ela a evoca tão bem quanto poderia —, mas os sons de dissidentes sendo enfileirados e fuzilados (os apologistas disseram a ela que eram alunos praticando tiro com rifle), que ela ouvia a noite toda em Moscou, nunca perturbou a névoa de Londres ou o frio canadense. Em Montreal e em Toronto, ela não foi capaz apenas de viver sua vida, mas também de palestrar sobre Walt Whitman.

Combinar esses tipos de liberdades civis com um sistema econômico mais justo era *trabalho* — realizado naqueles anos por verdadeiros políticos práticos antiutópicos, de uma ponta a outra do Canadá, que estavam estabelecendo o sistema de proteção social que, priorizado pelas crueldades da Grande Depressão, evoluiu e sobreviveu até hoje. (O canadense mais admirado em todas as pesquisas foi, por muito tempo, T. C. "Tommy" Douglas, o primeiro-ministro de Saskatchewan que levou assistência médica para todo o país.) O Canadá, um país liberal burguês que evoluía para uma social-democracia, deu as boas-vindas a uma ativista anarquista. Era a terra prometida, embora ela tivesse sofrido tanto que não conseguia entender totalmente sua promessa. Por que os liberais norte-americanos entraram em pânico e traíram seus próprios princípios durante a Primeira Guerra Mundial era uma questão

MILHARES DE PEQUENAS SANIDADES

tão boa a se levantar quanto por que os marxistas descobriram não ter princípios a trair.

Embora Goldman pudesse teorizar a história, não podia teorizar a própria experiência. Molière escreveu uma comédia sobre um médico contra sua própria vontade; assim como Goldman se tornou uma liberal involuntariamente, sem se tornar uma conservadora para contrariar a velha radical que tinha sido. (Max Eastman, um espírito humano igualmente interessante, deu esse passo no final, escrevendo para a *National Review*.) E, é claro, nem é preciso dizer que o Canadá em que ela chegou era imperfeito — mas as falhas, reais e necessitadas de solução, eram pequenas e secundárias em qualquer perspectiva histórica decente. (Arrancar crianças aborígenes de suas casas é condenável, mas não está no mesmo nível de condenação que matar milhares de dissidentes sem julgamento ou submeter nações inteiras à fome.)

O liberalismo sem visão é, de fato, apenas confortável, mas o radicalismo sem realismo sempre será cego — ainda à espera da grande esperança vermelha e depois surpreendido pela próxima grande catástrofe. Os radicais que não aprenderam a necessidade das instituições liberais não aprenderam nada, absolutamente nada, com a história. Emma Goldman foi a testemunha notável desse ciclo que fez a coisa mais corajosa: viu o que viu e contou o que havia visto. E, embora profundamente consciente da história, ela trata os refúgios que encontrou como naturais de alguma forma, como o Canadá é ou Londres sempre foi, não como lugares que foram objetos da história, e de atores históricos, que poderiam tê-los conduzido em direções diferentes e terminado de uma forma muito discrepante. Claro, ela parece sugerir, um anarquista naturalmente encontraria um refúgio seguro ao final de uma jornada mundial agonizante, não na Alemanha ou na Rússia, mas em Toronto e Winnipeg. Porém, isso não se deveu apenas ao que a Alemanha não era, mas a tudo o que Winnipeg era.

Emma Goldman nos mostra que os radicais que não aprenderam que as instituições liberais são raras e frágeis falharam em aprender com a experiência. Eu me preocupo ao ouvir jovens de mentalidade radical em particular (mas os mais velhos têm a mesma predileção) falarem com impaciência sobre as principais instituições e práticas liberais — a insistência no pluralismo, o respeito por uma imprensa livre, a expectativa da oscilação dos partidos no poder. Eles falam como se essas instituições e práticas fossem a base óbvia da vida social, que podem se renovar de maneira confiável ou ser facilmente reconstruídas após uma revolução, e não como coisas incrivelmente delicadas, duramente conquistadas e historicamente únicas que de fato são. Foi quase impossível construí-las, e seria um desafio absurdo à história achar que podem ser reconstruídas com facilidade após sua destruição, se é que isso é possível. As instituições e práticas liberais são frágeis. Uma vez arruinadas, elas se despedaçam. A esquerda contemporânea pode às vezes parecer ter um respeito insuficiente pela fragilidade das mesmíssimas instituições liberais que permitem que suas opiniões sejam divulgadas sem dificuldades. A esquerda faz uma aliança infeliz com autoritários de direita ao depreciar tais instituições. Por vezes o faz com impaciência, por vezes com a ilusão de que as coisas precisam piorar antes de melhorar. Os marxistas chamam isso de "intensificar as contradições", isto é, tornar a verdadeira natureza do capitalismo ou da ordem social tão opressiva que mesmo pessoas antes indecisas serão levadas às barricadas.

Na verdade, responde o liberal, a história mostra que as coisas que pioram ficam ainda piores e continuam piorando. Nada de bom jamais resultou da intensificação das contradições. Tudo o que acontece é que as instituições se enfraquecem e os autoritários se fortalecem nos espaços enfraquecidos. Um trabalho que os liberais consideram essencial é fazer alianças em torno de uma causa comum com conservadores que não compartilham causas reformistas, mas compartilham seu compromisso com as instituições liberais, como a liberdade de expressão, a alternância de poder, o direito de ser ouvido, a independência do judiciário — tudo isso se resume na simples, mas revolucionária, expressão *Estado de Direito*, em vez de partido ou ditador. Os liberais dão as boas-vindas a essa coalizão, sem imaginar que existe uma misteriosa terceira via em que suas dificuldades e diferenças se dissolveriam, porque, para os liberais, coalizão e compromisso são palavras *de provocação*, dispositivos pelos quais lutar.

Mas os liberais que não aprenderam a prestar atenção aos gritos radicais por justiça também não aprenderam nada com a história. A reforma é um processo contínuo, raramente iniciado ou concluído apenas pelo liberalismo — a cada ponto, um novo movimento por justiça teve que surgir para ocupar parques, se acorrentar a cercas, cruzar pontes e enfrentar cães policiais. Essa é força profética com a qual os liberais devem aprender, para a qual devem estar abertos e, frequentemente, à qual devem se curvar.

Não precisamos chegar até o Congo para ver o ataque radical ao reformismo liberal em ação. Não precisamos ir além do homem que considero talvez o maior norte-americano de todos, Frederick Douglass. Em sua vida, encontramos um drama quase operístico da luta permanente entre o profeta radical e o político liberal, que se tornam mais comoventes por estarem encarnados em um único homem. De certa forma, essa luta pode ser investigada até a conversa bíblica de Moisés e Aarão, na qual o profético líder impaciente e seu irmão, o intrometido sumo sacerdote, parecem se envolver em uma luta entre princípios e pragmatismo. Os mesmos dois arquétipos aparecem repetidamente na história do liberalismo, e não há dois personagens mais memoráveis do que Frederick Douglass e Abraham Lincoln durante aquela crucial década liberal de 1860.

A história de Lincoln foi contada com tanta frequência e de tantos ângulos que seu legado é uma parte inquestionável da tradição liberal. (Embora talvez a parte mais complicada de tudo seja que este homem, que pregava a cura de ferimentos e a prática do bem para com todos, também iniciou uma das guerras mais sangrentas e mais brutais da história humana até aquele momento e a conduziu com um leve reconhecimento de que era uma questão da matemática humana — qual lado tinha mais corpos para sacrificar.)

Douglass é um caso mais complicado. Nós o conhecemos como um heroico escravo fugitivo que desafiou seu mestre brutal arriscando a própria vida, decidindo que a morte era melhor do que a submissão contínua. Dois anos depois da fuga, ele conseguiu um emprego como operário em New Bedford, foi levado a uma reunião abolicionista em Nantucket, então a um porto baleeiro em expansão e fez um discurso improvisado que mudou a história. Ele falou sobre sua vida como escravo e sua fuga, roubando o show e o momento. Ninguém jamais tinha ouvido um ex-escravo falar com tanta precisão e eloquência sobre as próprias experiências. Abolicionistas brancos, seguidores de William Lloyd Garrison, pressionaram-no a servir como orador, e Douglass passou os quinze anos seguintes de sua vida viajando de trem de uma reunião abolicionista para outra, enquanto Anna, que fora para o norte depois dele, esperava em New Bedford e criava uma safra cada vez maior de filhos. (Eles tiveram cinco ao todo, incluindo três que serviram na Guerra Civil, um deles sobrevivendo ao massacre do regimento de Robert Gould Shaw em Fort Wagner, na Carolina do Sul.)

Como muitos outros ativistas jovens e ainda não formados que descobrem em si mesmos um dom para a oratória, Douglass teve que se autoeducar enquanto discursava. As línguas dos jovens oradores são formadas antes que suas ideias sejam estabelecidas. Isso aconteceu com Martin Luther King Jr., que precisou ocupar uma posição de liderança que ainda não estava preparado para assimilar totalmente, e também com Emma Goldman, que se tornou a Red Emma quase antes de dominar o inglês. (De um modo mais benevolente, foi o que aconteceu com Barack Obama: um discurso eloquente o transformou de um jovem com pouca experiência política em um candidato à presidência plausível, com uma curva de aprendizado íngreme a percorrer.) Em todos os casos, o desafio foi manter a independência e as ideias, enquanto os outros tentavam transformá-los em um megafone.

Douglass passou de escravo à celebridade em cerca de um ano, e assim permaneceu pelo resto da vida. Ele faz parte da pequena lista de pessoas que foram, ou são realmente a *cara* de seu movimento. Gloria Steinem não foi a pensadora feminista mais importante de seu tempo, ou sua organizadora mais significativa, mas foi a cara do feminismo norte-americano por uma razão. Ela personificava a realidade, confusa para os sexistas, de que uma mulher com sua aparência poderia ser uma defensora radical da igualdade de gêneros. Douglass personificava a realidade, confusa para os racistas, de que um homem negro pudesse ser carismático, eloquente, imponente, intimidador, instruído e uma voz a favor da emancipação absoluta. Ele às vezes parecia um George Washington mais feroz — nariz romano, carranca feroz e inexpressiva de virtude e cabelo clássico penteado para trás. Essas coisas contavam em uma nova cultura de imagens reproduzidas.

A história da relação de Douglass com Garrison, tanto quanto sua relação com Lincoln, é em si um fato-chave na história política norte-americana. Garrison, o abolicionista mais famoso da época, estava no topo da lista até que Douglass foi convidado, sem aviso, a contar a história de sua vida. Surpreso com a eloquência de Douglass, Garrison perguntou à multidão: "Ouvimos o testemunho de um objeto, uma propriedade, ou de um homem?" Douglass foi para a estrada como garrisonita, um seguidor de Garrison.

Mas, menos de uma década depois, eles romperam, de forma amarga e definitiva. Um pouco dessa amargura surgiu da sensação desconfortável de Douglass de que ele não estava sendo um instrumento, mas sim colocado em exposição. Porém, a maior parte dela derivou de uma diferença intelectual decisiva, que ainda molda a política norte-americana. Garrison era um pacifista e um secessionista moral. Ele acreditava que a Constituição estava tão profundamente comprometida com a escravidão — incluindo a criação do Senado favorável a pequenos estados — que não poderia ser preservada. Douglass passou a acreditar que a Constituição era de fato um bom documento que deu errado — que, em suas premissas democráticas, ela respirava liberdade e precisava apenas ser emendada para restaurar seus propósitos iniciais. Como já mencionei, Douglass ofereceu essa insistência da maneira mais enérgica em seu discurso de Cinco de Julho, proferido em Rochester, em 1852; é uma obra-prima de reviravoltas argumentativas surpreendentes. Ele começa com um elogio irrestrito aos valores e ao caráter dos Pais Fundadores e tem como único avi-

MILHARES DE PEQUENAS SANIDADES

so prévio da dissidência o trecho sobre os eventos da década de 1770 usando a terceira pessoa — *seus* fundadores fizeram isso, *sua* história diz aquilo. Em seguida, ele faz sua virada estrondosa: "A existência da escravidão neste país marca o seu republicanismo como uma farsa, a sua humanidade como um pretexto vil e seu cristianismo como uma mentira." Por fim, ele dá uma guinada ainda mais surpreendente, de volta ao ponto central norte-americano: a Constituição é sólida, tudo o que precisa mudar é nossa maneira de lê-la. "Interpretada como deveria ser interpretada, a Constituição é um GLORIOSO DOCUMENTO DE LIBERDADE. Leia seu preâmbulo, considere seus propósitos. A escravidão está entre eles? Está na porta de entrada? Ou está no templo? Não está em nenhum." (Já citei essas palavras antes, mas vou citá-las mais uma vez. Eles são muito importantes.)

A questão constitucional foi, e continua sendo, épica. Todo o liberalismo norte-americano continua em jogo nesta escolha. É o que separa Obama de Cornel West e de seus outros críticos de esquerda. Para Garrison, o fracasso do constitucionalismo liberal em atingir seu objetivo declarado foi uma razão para abandoná-lo. Para Douglass, foi uma razão para reafirmar o objetivo de forma mais vigorosa e inclusiva. Se o objetivo estivesse no documento, o arco ainda poderia ser concluído. Ele acreditou que o objetivo estava lá e que o arco era possível.

Ao mesmo tempo, a crença de Douglass na integridade da Constituição norte-americana o deixou menos disposto a esperar por correções legislativas e mais inclinado a usar a violência contra o sistema escravista. Este também se tornou o raciocínio de Lincoln, nítido em seu lendário discurso na Cooper Union em 1860: a evidência histórica mostrou que os signatários da Constituição consideravam a escravidão uma questão nacional, sujeita a debate. Não era uma questão de direitos locais ou estaduais. Erroneamente decidida antes, ainda estava na pauta da nação como um todo. A escravidão deveria, em nome da Constituição, ser atacada de frente. (Lincoln não conseguiu decidir como esse ataque ocorreria até que os eventos o surpreenderam na presidência.)

Nos primeiros anos da guerra, Douglass foi o modelo de um profeta radical que confrontou um político liberal tímido. A timidez de Lincoln, sua aparente prontidão para buscar um acordo com o Sul ou mesmo sua insistência de que estava lutando pela União, não especificamente contra a escravidão, sem citar sua disposição a acolher projetos de repatriação de escravos para a África ou outro lugar, enojaram Douglass (cuja mente fora moldada pelos românticos europeus). Isso era o liberalismo em sua pior forma, procurando um acordo com o diabo mesmo quando ele não estava negociando. "Não devemos ser salvos pelo capitão, mas pela tripulação", declarou — referindo-se ao exército, não ao comandante.

Mas, à medida que a guerra prosseguia, Douglass passou a compreender, ter empatia e até mesmo se identificar com a luta de Lincoln, conforme a entendia mais claramente. Lincoln, que odiava a escravidão de corpo e alma, ainda tinha que atrair não apenas os aliados de Douglass ou seu povo, mas uma ampla coalizão de nortistas que, embora dificilmente favoráveis à escravidão, ainda tinham que ser convencidos a permitir que seus filhos morressem para que ela fosse extinta. Alguns dos brancos do Norte — nunca deixe que isso seja contestado — de fato foram heróis da retidão altruísta. Os Shaw e os Higginson, homens nascidos em Massachusetts que lideraram regimentos negros, agiam apenas com base no princípio abolicionista. Não precisavam lutar ou liderar, e acumularam pouco ganho pessoal ou glória por suas ações durante sua vida. Fizeram o que era certo.

Mas, na maioria das vezes, as famílias em Ohio e Illinois tiveram que ser convencidas de que seus filhos seriam enviados para morrer por uma causa compreensível por eles, não por uma causa altruísta remota a favor de um povo com o qual eles poderiam simpatizar, mas com o qual ainda não conseguiam se identificar (se é que algum dia conseguiriam). Douglass chegou à conclusão de que Lincoln havia envolvido a causa certa em torno do clamor errado com o melhor dos motivos. Ainda não compreendemos quanto da grandeza do Discurso de Gettysburg como argumento forense reside na forma como Lincoln fez as duas causas — nacionalismo e emancipação — parecerem uma só. A nação nasceu com a visão de que todos os homens são iguais; a escravidão nega essa visão. Se perdermos a guerra, isso mostra ao mundo que uma nação com essa premissa não consegue sobreviver sem se fragmentar. Portanto, lutar pela União é o mesmo que lutar pelos seus princípios primeiros. Douglass admirou a lógica um tanto sofista. Ele começou impaciente e desconfiado de Lincoln, tornou-se um pouco mais simpático às suas lutas políticas e acabou como um admirador sincero, fascinado pelo escopo pretendido da Lei de Emancipação. Lincoln, por sua vez, entendeu que a visão moral de Douglass era impecavelmente correta — e um suporte crítico para as visões cada vez mais militantes de Lincoln. Na segunda posse, Lincoln procurou Douglass na recepção na Casa Branca e não o saudou como "Sr. Douglass", mas como "meu amigo".

A vida política de Douglass após o fim da guerra e o assassinato de Lincoln podem parecer frustrantes, mas, em muitos aspectos, são tão importantes quanto o que veio antes. Ele se tornou, de um ponto de vista, um político partidário convencional, um pilar do Partido Republicano. Porém, há uma luz mais positiva sob a qual podemos enxergar essa migração para longe da militância. O próprio Douglass foi profundamente afetado pelo exemplo de

Por que a Esquerda Odeia o Liberalismo

Lincoln do poder que a política partidária liberal tem de fazer uma mudança real acontecer. Ele se tornou líder de um partido que era, em muitos aspectos, uma reunião de minorias, progressistas e população urbana (e neoliberais) em um agrupamento amplo, não muito diferente do que encontramos no Partido Democrata hoje. Mesmo quando a Reconstrução falhou e as leis de Jim Crow dominaram o Sul — uma realidade contra a qual Douglass falou com a mesma paixão com que falara contra a escravidão —, ele dedicou a maior parte de seu tempo à construção de instituições negras. Ajudou a construir faculdades; houve também um banco, o Freedman's Savings Bank, que, infelizmente, faliu depois que ele concordou em administrá-lo. Ele recebeu (para o desânimo de muitos contemporâneos afro-americanos) um posto de nomeação direta como marechal dos Estados Unidos de Washington, D.C., em cujo papel ele não tinha autoridade para delegar um pouco de poder para seus amigos e, particularmente, para sua família grande e um pouco infeliz. Tendo começado como um modelo do tipo profético, ele passou, com surpreendente paixão, a ser um político partidário contente e ativo, tentando construir capital social por meio de instituições intermediárias.

Douglass nos fascina porque não apenas incorpora todas as contradições da experiência negra nos Estados Unidos, mas, em um cenário mais amplo, da experiência radical nas democracias liberais. Ele pode ser facilmente visto como o pai da linha de resistência mais militante, o tipo que insiste na rejeição inflexível do racismo e em uma representação implacável de seus males, com a violência como recurso quando necessário. Ele acreditou em rebelião violenta, e às vezes em rebelião fútil, quando a face do racismo se tornou intolerável: seu confronto aparentemente suicida quando jovem com um brutal capitão do mato ainda é um modelo de masculinidade e autoafirmação ao preço de uma possível morte. Seu senso de absolutismo moral foi completamente justificado pela história. Nenhuma pessoa sã ainda duvida que a Guerra Civil deveria ser uma guerra de abolição e só fazia sentido nesses termos. A leitura radical foi a correta.

Mas sua compreensão da ação democrática pragmática realizada em uma frente ampla com muitos aliados também foi justificada pela história. Ele foi o progenitor e pai da linha pragmático-progressista que leva diretamente a Bayard Rustin — desenganado acerca de suas ilusões, mas insistente de que a Constituição pode ser concretizada em sua plenitude com o tempo, e que a política democrática é a maneira certa de fazer isso. Este Douglass é o amigo de Lincoln, o homem que manteve as relações necessárias com o poder institucional — como o Dr. King faria, embora de forma cautelosa, com Kennedy e depois com Johnson.

A tradição liberal, da qual Lincoln é o grande santo, e a tradição radical, da qual Douglass é o maior exemplo norte-americano, estão entrelaçadas, emaranhadas, enredadas uma na outra. E, no geral, são as práticas políticas liberais que se mostraram mais potentes, mais capazes de constituir uma aliança pela Constituição que poderia vencer as batalhas necessárias em tempos de paz e também em tempos de guerra. Douglass foi um absolutista profético *e* um constitucionalista político, e a bravura quase inimaginável de sua jornada deve nos lembrar de que ambos são essenciais. Seu heroísmo consistia em ser capaz de incorporar um profeta radical e um político liberal em um único arco de propósito e em uma só mente e corpo. Ambas as vidas importam.

~ EPÍLOGO ~

MILHARES DE PEQUENAS SANIDADES

WELLFLEET, A PEQUENA cidade em Cape Cod onde há mais de trinta anos sempre alugamos um espaço por três semanas é, e acho que você concordaria, um verdadeiro viveiro liberal. Quero dizer, um viveiro liberal no sentido em que as cidades catedrais de Trollope eram viveiros religiosos — as pessoas dali podem não ser capazes de estruturar os princípios, mas Deus sabe que elas vivem a fé. Há estúdios de ioga em cada canto que olhamos — pelo menos seis, segundo minhas contas. Há adesivos de Bernie Sanders em para-choques — mais do que é *possível* contar. Há uma ex-monja zen que também trabalha como massagista terapêutica. Há um centro para o estudo de terapia gestalt, e seis ou sete igrejas progressistas. Há as feiras de produtores, várias delas, uma para cada uma das cidadezinhas do norte do cabo — embora seja suspeito que exatamente os mesmos "produtores" pareçam participar da feira de Wellfleet, além da de Truro e de Orleans, e muito do que vendem, como kombucha e torta de pêssego, não parece ser especialmente local ou produzido em fazendas. Em todas as feiras há uma banda de caras muito velhos, com guitarras e banjos tocando músicas do Grateful Dead, que um dia já foram muito jovens tocando músicas do Grateful Dead. Comparecemos a reuniões de protesto acaloradas na biblioteca — como cidade de veraneio, passamos muito tempo nas ruas, contra a guerra nuclear — e a concertos animados de música de câmara na igreja. Há até a casa na qual o grande crítico Edmund Wilson, um de meus heróis literários, passou o fim de sua vida. Parece que alguém batizou uma marca de maconha medicinal de Massachusetts em sua homenagem. Todos os sinais da civilidade liberal, em todo o seu absurdo e toda a sua humanidade, estão presentes.

A maior parte das crises da ordem liberal e do Estado liberal nos Estados Unidos também é sentida por lá — falamos em fugir para ficarmos mais isolados, mas não conseguimos escapar. A vida pública não passa de outras pessoas. A política não passa de pessoas e mais pessoas ainda. O que antes foi uma comunidade da classe trabalhadora com o acréscimo de escritores e artistas — e dos psicanalistas que os atendiam — durante o verão agora é um lugar eternamente estratificado de ricaços. Os aluguéis sobem até que apenas a nata da nata consiga pagá-los; os jovens de classe média não conseguem arcar com os custos e os habitantes da classe trabalhadora são empurrados cada vez mais para o sul do cabo, longe de casa, em direção a cidades mais suburbanas e repletas de invasões. Algumas coisas estão desaparecendo, como as barracas de mexilhão frito e os galpões que vendiam enormes variedades de boias de plástico em cores brilhantes e formas de dinossauros e dragões, que antes faziam a Route 6 lembrar a antiga Cape Cod da canção de Patti Page e parecer muito católica. É um mundo amplamente segregado. Embora os franco-canadenses, entre os quais cresci, visitem o lugar em um número sempre crescente, com seu francês mordaz e ácido ressoando ao longo da praia, pessoas negras, mesmo de Boston, não vão ali. Os ajudantes das barracas de mexilhão frito e das padarias, que antes eram sérios jovens universitários locais que colocavam o nome de seus cursos de outono nas caixinhas de gorjetas, agora são todos estrangeiros e importados: jovens búlgaros e irlandeses que recebem pouco (será que sabem a quantidade de horas que vão trabalhar quando aceitam o trabalho aparentemente agradável?). Eles não têm uma caixinha da faculdade.

Pior ainda, verão após verão, alguma coisa tem levado os enormes tubarões-brancos cada vez mais para perto da costa, então, ir à nossa praia favorita agora é um pouco como fazer trilha em um parque onde tigres ficam à espreita. Ainda é agradável, mas... com tigres. No verão passado, vimos um homem ser carregado pela duna com uma tipoia ensanguentada, como uma versão barroca de Jesus sendo retirado da cruz, depois de ter sido atacado por um tubarão em Longnook Beach. Uma semana depois, bem na nossa janela, um nadador foi morto, comido, dividido ao meio enquanto surfava.

De forma bastante absurda, mas significativa, existem explicações extremamente divergentes da direita e da esquerda sobre a presença dos tubarões: a direita insiste que é uma tragédia daquela exata paixão liberal pela reforma que venho elogiando, por legislar para melhorar o que não precisa ser melhorado: após a aprovação de uma lei compassiva que protege as focas-cinzentas dos pescadores que sempre as consideraram um estorvo, elas agora se tornaram, como um antigo morador de Cape Cod nos disse, "ratos do mar", e sua presença atrai os tubarões que chegam à costa para comê-las, e depois comer as pessoas que nadam próximas a elas, um caso clássico das feias consequências imprevistas da "reforma". A esquerda insiste, com a mesma veemência, que é a crescente força inexorável da mudança climática causada pelo homem que está levando os tubarões e as focas — e todo o ecossistema marítimo — cada vez mais para o norte e deixando-o cada vez mais caótico. É uma clássica discussão entre esquerda e direita: os perigos da reforma contra os horrores da ganância humana. As estratificações da desigualdade econômica, a segregação contínua da vida norte-americana, a presença de mão de obra imigrante para realizar o trabalho doméstico e o estresse que isso cria em ambos os lados, o horror econômico, os desastres ambientais — você pode fugir de Manhattan, mas não da realidade. Ou das outras pessoas — e ainda mais pessoas. Ou das pessoas discutindo por que os tubarões estão comendo mais gente do que antes.

Claro que temos sorte — somos privilegiados, na verdade, abençoados pela boa fortuna — de ter esses refúgios, embora tenhamos que trabalhar cada vez mais todos os anos para conseguir mantê-los. Como eu disse, o que os Estados Unidos transformaram em privilégio são os confortos mínimos que deveriam ser garantidos a todos. Leia biografias do século XIX e verá todos os vendedores e escrivães comuns fugindo do calor com a família durante todo o verão em busca de um clima mais ameno — aliás, essa ainda era uma norma da classe média nos anos 1950 e a premissa cômica, o início de tudo, de *O Pecado Mora ao Lado*. Férias na praia, no lago e na montanha são, ou deveriam ser, um direito humano. Na França, Léon Blum e o governo nacional da Frente Popular criaram uma lei instituindo férias de três semanas para *todo* o povo francês, lei essa que ainda permanece firme, esvaziando Paris em agosto, seja das classes alta, média ou trabalhadora.

Mas também existe aquela placa em frente a qual você e eu, Olivia, passamos de bicicleta quase todas as manhãs na Cahoon Hollow Road. Sim, fica na frente de um estúdio de ioga, e os proprietários do estúdio a instalaram este ano. Ela traz uma série de declarações políticas em letras maiúsculas multicoloridas, os tons do arco-íris transmitindo uma mensagem própria:

MILHARES DE PEQUENAS SANIDADES

NESTA CASA ACREDITAMOS QUE:

VIDAS NEGRAS IMPORTAM

OS DIREITOS DAS MULHERES SÃO DIREITOS HUMANOS

NENHUM HUMANO É ILEGAL

A CIÊNCIA É REAL

AMOR É AMOR

GENTILEZA É TUDO.

"Pai, é o seu *livro inteiro!*", você disse encantada quando passamos de bicicleta por ela um dia. Acho que você ficou maravilhada com o fato de que meus trabalhos literários de verão, mais uma vez, se provaram inúteis.

Você tem razão — é uma doutrinação liberal. Todos os slogans e as atitudes de uma frase só que os liberais de HQs como eu deveriam compartilhar. Porém, quanto mais a analisamos, mais vemos que ela também captura inconscientemente o dilema da imaginação liberal. Ao reunir, de forma clara e concisa, os slogans, a *mensagem*, do liberalismo, essa doutrinação na verdade revela o *trabalho* do liberalismo. Ainda inacabado, ainda a ser concluído. É uma doutrinação, sim — mas ainda não é um credo.

Pois algumas das coisas que ela oferece são declarações políticas que sem dúvida podemos deduzir de princípios liberais e de nossa tradição de prática política. Que os direitos das mulheres são direitos humanos — era isso o que John Stuart Mill e Harriet Taylor estavam pensando em frente à jaula do rinoceronte. O fato de as vidas negras importarem foi o que impulsionou Frederick Douglass e, sim, Lincoln também, em meio à lama e ao sangue da Guerra Civil. Nenhum humano é ilegal? Isso mostra a inclusão de imigrantes que deixaram seus avós entrarem nos Estados Unidos — e a fria recusa que manteve outros familiares de fora, refugiados judeus conduzidos a Cuba ou à América do Sul. E, para retomar uma história ainda mais sombria, que expulsou Emma Goldman. Nenhum ser humano deve ser ilegal ou indesejável.

"A ciência é real." Bem, mesmo sabendo que a descrição do Iluminismo como um movimento progressista de mão única é uma caricatura de uma história muito mais complicada, ainda assim exprimimos, sim, argumentos retirados de evidências, buscando fraquezas em nossas próprias teorias favoritas, a correção da consciência comum tanto na biologia quanto no jornalismo — isso certamente faz parte do que os liberais acreditam. Sem dúvida, *ciência* é uma palavra sagrada na minha família; ser ou se tornar cientista (quatro de suas tias são, assim como sua avó) é a vocação mais elevada, muito mais do que ser um ensaísta de variedades.

E então chegamos às duas últimas afirmações: que amor é amor e que gentileza é tudo. Elas são verdadeiras. Totalmente verdadeiras. (É o que os Beatles dizem, e isso deve ser prova suficiente.) Mas sei que isso gera um pouco de desconfiança em nossas mentes, pois, embora concordem entre si perfeitamente, como uma doutrinação deveria, elas não sucedem *de fato* a outra verdade em letras maiúsculas imediatamente adjacente, de que a ciência é real.

Pois esse — e se eu parar minha bicicleta para, sabiamente, demonstrar isso, você terá razão em rir, mas, ainda assim, ouça — é um clássico problema ser/dever ser. Quero dizer com isso que a clássica objeção filosófica de que nenhum *ser* — nenhum fato sobre o mundo — pode criar um *dever ser*, uma decisão de agir de uma forma ou de outra. Esse princípio é, por vezes, chamado de guilhotina de Hume, porque foi claramente articulado por aquele solidário visionário liberal, David Hume, e, mais uma vez, sua visão liberal tinha mais a ver com ser cético até mesmo sobre o que o conhecimento científico pode nos oferecer do que com confiar demais nele. Ele enfatizou que os pensadores religiosos, em especial, tendiam a se esgueirar para um *deve ser* a partir de um *ser*. Ao escrever que "em vez das cópulas proposicionais usuais, como *é* e *não é*, não encontro uma só proposição que não esteja conectada a outra por um *deve* ou *não deve*. Essa mudança é imperceptível, porém de maior importância". (Por "de maior importância", Hume quer dizer o mesmo que nós com "suma importância", isto é, a maior importância possível. *Liberal* não é a única palavra que mudou de significado ao longo dos séculos.)

Às vezes, isso é chamado de distinção de fato/valor, o que pode ser mais claro; mas, independentemente de como se chame, está no cerne da ideia liberal de liberdade. Pode ser um *fato* que homens e mulheres têm diferenças físicas, mas isso não significa que deveriam ser *tratados* de forma diferente perante a lei. O *valor* da igualdade é independente do *fato* da fisiologia. Os homens podem ser maiores e mais fortes do que as mulheres, mas isso não significa que devam ser livres para dominá-las. (Em todo caso, não vão dominá-las, mas, de qualquer maneira, não deveriam, mesmo se pudessem.) Pode ser um fato que os animais sempre comeram outros animais, mas isso não significa que seja *certo* que os seres humanos abatam porcos para se alimentar. Podemos considerar o valor de acabar com o sofrimento desnecessário para todos os seres sencientes, independentemente de nosso poder de criar e matar cordeiros. Qualquer ser humano sem dúvida *está* destinado a morrer — isso não significa que não devemos tentar curar um câncer. (Os filósofos têm discutido sem parar sobre essas questões, e muitos filósofos liberais acham que *é possível* passar de um "é" para um "deve", ou de um fato para um valor, mas, em geral, apenas querem dizer que é possível chegar aí se tiver um bom argumento para tal. O que Hume queria dizer era que se deve evitar apenas *planar* aí, "imperceptivelmente".)

E assim poderíamos acreditar na humanidade plena das mulheres e ainda estarmos ávidos a engajar seu intelecto em uma causa reacionária. Poderíamos acreditar que vidas negras importam e ainda achar que o amor ou a gentiliza são superestimados, que só a militância importa. Venho dizendo desde o início que o humanismo liberal é um todo, e é. Mas é assim porque o *tornamos* um todo, e só pode continuar a ser se continuarmos trabalhando nele. Essa é a tarefa, o projeto, a preocupação liberal. O humanismo pode preceder o liberalismo historicamente — mas o liberalismo não pode produzir humanismo de forma mecânica. É uma tarefa de esforço mental, adaptada às novas circunstâncias. A realidade da ciência não garante a primazia do amor. O que a ciência nos mostra é o mundo como ele é. Escolhemos transformá-lo no que queremos que seja.

Mas *como* passamos da racionalidade para a moralidade liberal, de "a ciência é real" para "amor é amor"? A resposta honesta é que não podemos — não a partir de alguma regra única ou simples. O raciocínio liberal é uma *ação* contínua, surpreendente e vigilante. Não é uma dedução a partir dos princípios iniciais. Não podemos dizer, ah, a ciência, Deus ou a natureza prova que o liberalismo tem razão. O máximo que podemos dizer é que a experiência sugere que tratar tanto a proposição de que o amor é bom quanto a proposição de que os fatos podem ser considerados verdadeiros tende a deixar mais pessoas felizes. Funciona. Como diria um filósofo pragmático, isso tem valor monetário no mundo real. A meu ver, é isso que torna o liberalismo excepcionalmente exigente. Ele não nos dá as respostas com antecedência. Faz com que façamos o teste amiúde.

MILHARES DE PEQUENAS SANIDADES

Em consonância com a noção de tarefa liberal, não resistirei a uma ação pragmática própria — uma série de injunções para reviver o liberalismo. Tenho aquilo que todo jornalista e editor "meticuloso" deseja — um Programa Positivista. Mencionei no início "A Caça ao Snark", de Lewis Carroll, e como o liberal de esquerda é como o Snark e o neoliberal, como o Boojum. Bem, deixe-me continuar a prestar homenagem a esse grande poema, no qual todos os personagens têm nomes que começam com *b*, fazendo todos os meus desejos de liberalismo começarem com *p*. (Lembrando outros *p* — prosperidade, pluralismo, paz — são realizações liberais.) O liberalismo é uma prática autocrítica, e seria loucura fingir que sua atual crise não é, em parte, criada por esforço próprio. Se há mal-entendidos ou percepções equivocadas, somos responsáveis por eles e temos que assumi-los e curá-los, se pudermos.

Se há três injunções principais que precisamos praticar, se há trabalho a fazer para reconectar as práticas liberais aos valores morais, talvez sejam: o liberalismo se tornou passivo, planetário e privado. Precisa se tornar passional, patriótico e pensado para o público. Ou melhor, o liberalismo se permitiu ser *visto*, inclusive por nós, liberais, como privado, prófugo e passivo; precisa reaparecer mais uma vez em suas cores mais verdadeiras, pensado para o público, patriótico e passional.

O liberalismo foi privatizado no sentido direto de que muitos liberais muitas vezes passaram a acreditar que a empresa privada é intrinsecamente melhor do que a empresa pública. Na medida em que algo chamado neoliberalismo alguma vez existiu, ele refletiu essa confiança indevida, nascida em meados do século passado e depois reforçada no final da Guerra Fria, de que as soluções de livre mercado são sempre as melhores. Acho que isso é uma calúnia contra os melhores instintos do liberalismo, mas nenhum liberal honesto pode negar que contém alguma verdade.

MILHARES DE PEQUENAS SANIDADES

Alguma verdade, mas não toda. Não há nada na tradição liberal que nos faça acreditar que a empresa privada seja necessariamente melhor do que os bens públicos comuns. A escala muda a sanidade. Todos nós temos que distinguir entre modelos (projetos fixos para o melhor tipo de economia política) e modalidades (sistemas mutáveis e mistos que respondem às necessidades do momento). Deus sabe que Adam Smith fez essa distinção. Algumas partes da vida social — assistência médica, aposentadoria para idosos, subsídios para as artes e parques — exigem um modelo operado por todos em nome de todos, isto é, pelo governo, na maravilhosa definição de Lincoln de que os governos existem "para fazer por uma comunidade de pessoas tudo o que elas precisam, mas não podem fazer por si mesmas, seja por impossibilidade, seja por incapacidade, usando suas competências separadas e individuais".

Outras partes se saem muito melhor quando deixadas a cargo das energias empresariais amplamente não monitoradas. Basta comparar o desenvolvimento da internet nos Estados Unidos com a paralisia do modelo top-down do Minitel na França, que criou incontáveis pequenos elefantes brancos nas bancadas de inúmeros apartamentos à medida que se tornava claro que a tecnologia favorecida pelo Estado francês fora extinta antecipadamente.

E a isso acrescente a verdade de que, no mundo real, seria impossível separar as preferências do governo das energias empresariais, forças de mercado auto-organizadas. A internet cresceu com a enorme ajuda do Departamento de Defesa dos Estados Unidos, e quase todo o livre mercado norte-americano é moldado por grandes empresas e para elas, por meio de intervenção governamental. Podemos ser a favor da humanização do trabalho colocando trabalhadores nos conselhos das empresas sem ser a favor das economias de comando e dos planos quinquenais.

É uma confusão. Os liberais gostam de confusão. O liberalismo deve desconfiar desses modos, não investindo nenhum significado religioso a nenhum deles. Negar que o capitalismo deixado à própria sorte produz bolhas, estouros dessas bolhas e desigualdades humanas brutais é negar a verdade dolorosamente explícita da história moderna; negar que as economias de livre mercado produziram prosperidade sem paralelo na história humana — e continuam tirando mais pessoas da pobreza do que qualquer outro modelo conhecido pelo homem — é negar o óbvio ululante. Com frequência, duas coisas podem ser verdadeiras ao mesmo tempo. Duas coisas são *sempre* verdadeiras ao mesmo tempo. Na verdade, se você conhece apenas duas coisas verdadeiras sobre um fenômeno social, não está olhando, ou contando, com a devida atenção.

Um nova-iorquino só precisa observar sua cidade neste momento para ver a feiura do capitalismo, com a ereção do oligarca se erguendo logo à frente; e um nova-iorquino só precisa olhar para sua cidade ao longo do tempo para reconhecer o efeito milagroso das forças auto-organizadas criando ruas, esquinas e os belos encontros imprevisíveis da vida na cidade. Ao voltar para casa em uma manhã de verão, vemos os dois. Ver apenas um ou outro é não ver nada. Como escreveu Montaigne, devemos aceitar que somos dois em nós mesmos e ser capazes de contar até dois.

O que o liberalismo moderno busca — e precisa ser visto buscando — não é um meio-termo, mas uma via *diferente*, uma em que algumas partes da vida social estejam seguramente isoladas do mercado e outras sejam centradas no mercado, e essas escolhas são feitas por todos nós por meios democráticos. Isso não é uma panaceia utópica ou esperança compassiva. É um caminho real, já amplamente percorrido por milhões de pessoas e passível de ser percorrido de novo. É um caminho positivo a ser positivamente designado, não uma via intermediária a ser debilmente indicada.

Também precisamos nos voltar ao público de outras maneiras — e não apenas, ou acima de tudo, na política. Todos estamos propensos a colocar o bem-estar de nossas famílias acima do de todas as outras. É por isso que estou discutindo este livro com você. Mas também estou escrevendo para muitos outros jovens muito menos afortunados. A educação pública é o elemento mais importante da mentalidade voltada para o público com o qual o liberalismo precisa se reconectar. Quase todos os avanços sociais pelos quais os liberais assumem crédito são resultado direto, ou estão profundamente ligados, a um sistema de educação pública.

Falo com base na mais profunda experiência pessoal. Meu avô era um homem sábio e adorável — gostaria que você o tivesse conhecido, grande parte das minhas piadas para as quais você bufa eram dele —, mas era um imigrante que só estudou até a oitava série, concluída aos 15 anos. (Em fotos antigas, todos os alunos da turma dele parecem ter 40 anos.) Ele lia e escrevia mais ou menos. Meu pai estudou em uma escola pública da Filadélfia, onde tinha professores com doutorado, tornou-se o editor de esportes de um próspero jornal diário e conseguiu entrar na Universidade da Pensilvânia, onde conseguiu "se virar" — surpreendentemente, pagando uma mensalidade integral de uma instituição da Ivy League com empregos de meio período e temporários — para se tornar (de maneira improvável, embora, é claro, eu tenha minimizado essa proeza enquanto crescia) professor de literatura inglesa e especialista na prosa de Samuel Richardson, Samuel Johnson e de todos os outros grandes mestres da literatura clássica, cristã e inglesa. A história da minha mãe foi ainda mais improvável. Ela veio de uma família ainda mais pobre e, embora tenha conseguido uma bolsa de estudos, teve seu pedido de especialização rejeitado pelo departamento de matemática por ser mulher (uma ocorrência comum na época). Ela entrou no então novo campo da linguística cognitiva baseada em pesquisas, no qual se tornou uma cientista genuinamente famosa. Isso é o que a educação pública pode realizar em duas gerações.

O ensino superior agora parece mais uma competição por status do que um meio de ascensão social. Tenho certeza de que o número de jovens carentes que obtêm educação de primeira classe hoje é comparável ao de antigamente, mas não há dúvida de que o sentimento de que as universidades são projetadas para a auto-perpetuação da elite se reinstalou. E, como aprendemos, emoções são tão importantes para a vida social quanto dados empíricos. Hoje em dia, a Universidade da Pensilvânia é uma universidade importante na qual seus amigos competem para entrar e, embora certamente ainda seja possível conseguir uma bolsa, entrar, sem dúvida, parece mais difícil; e a lacuna entre a elite instruída e a grande massa de pessoas comuns parece maior. A ascensão pelo estudo às vezes ainda acontece, mas deveria acontecer sempre, ou tão perto disso quanto humanamente possível.

Espírito público significa virar de ponta-cabeça o investimento que fazemos em educação, fazendo menos para aumentar as doações gigantescas para universidades que já recebem doações demais e reconhecendo o que todo estudo demonstra — que a educação primária é mais importante. Pré-escolas e jardins de infância são os lugares nos quais as distâncias podem ser aniquiladas com mais eficácia. Em todos os lugares em que foram testados, tiveram um efeito benéfico não apenas nas vidas imediatas das crianças, mas nas lacunas de desigualdade em longo prazo nas sociedades em que vivem. Um amplo investimento social na educação infantil é a melhor arma contra a desigualdade e a estratificação de classes. E não é tão difícil de realizar. É exatamente a coisa mais próxima que temos de uma "cura do cólera" para o nosso tempo, uma forma de saneamento público direcionado a um grande reparo por meio de uma pequena sanidade.

E, assim, o liberalismo se tornou *passivo*, na medida em que nossa tradição nos leva a acreditar no procedimentalismo — apenas nas regras neutras. Obama sem drama poderia ter aproveitado um pouco mais. O caráter tecnocrático e o temperamento analítico são, sem dúvida, admiráveis para resolver problemas políticos quando estes são imaginados como desafios na gestão de recursos. No entanto — e isso é verdadeiro tanto para Macron, na França, quanto para Obama, nos Estados Unidos —, o estilo tecnocrático é claramente inadequado no poder.

Temos que acreditar em políticas passionais e fervorosas em sua afirmação de valores e princípios — com o óbvio corretivo adicional de que essas paixões não são, em si mesmas, uma *substituição* para a política, já que o fervor compensatório do próximo garoto ou garota entrará em cena para se intrometer. Outras pessoas têm paixões equivalentes que precisam ser respeitadas. Porém, a diferença entre centristas e liberais é que os centristas enfatizam a dificuldade dessas escolhas, enquanto os liberais enfatizam sua simplicidade.

Há uma escolha simples entre uma sociedade com muitos massacres com armas de fogo e uma sociedade com poucos ou nenhum; uma escolha simples entre uma sociedade com pobreza em massa e outra, sem; uma escolha entre uma sociedade onde ninguém vai à falência quando papai tem um ataque cardíaco e outra em que isso é um medo constante para a classe média. Essas não são escolhas difíceis, como dizem os centristas; são escolhas fáceis. São apenas escolhas que precisam ser feitas. Fazê-las é difícil porque a autoevidência, mesmo de proposições morais autoevidentes, não é imediatamente óbvia para todos os indivíduos. Esse é o trabalho que os liberais precisam fazer.

Os liberais nunca devem ser arrogantes, mas também nunca devem se desculpar. O raciocínio científico não pode nos oferecer valores. Mas, uma vez que escolhemos nossos valores, a ciência *pode* nos dar muitas verdades úteis. Hoje há realmente muitas coisas *conhecidas* sobre a vida que antes eram mistérios.

Sabemos como fornecer assistência médica nacional sem superestimar a medicina ou levar a sociedade à falência — isso acontece todos os dias no Canadá, na França e na Alemanha. Sabemos como acabar com a violência armada — a Austrália fez isso, de maneira organizada e basicamente da noite para o dia. Sem dúvida sabemos como acabar com uma epidemia de crime sem encarcerar todo mundo. *Sabemos* mesmo. Mais pessoas também deveriam saber. O ensino superior não deveria pertencer a uma elite e a educação do público não deveria ser vista como uma atividade elitista.

A única verdade central que os liberais conhecem é que uma reforma eficaz quase nunca acontece como resultado de grandes ideias que se espalham pelo mundo e revolucionam a vida. Sempre que analisamos como os grandes problemas foram resolvidos, raramente foi a partir de uma grande ideia. Foi pela intercessão de milhares de pequenas sanidades. Milhares de pequenas sanidades geralmente são mais sensatas do que uma grande ideia.

Foi assim com o fim da epidemia de crime nos Estados Unidos, com o fim do cólera na Londres do século XIX, com a assistência médica universal em todos os países ocidentais. Não aconteceu de uma vez, mas por meio de medidas incrementais.

As próprias ideias científicas podem ser surpreendentes e revolucionárias, mas não surtem efeito sem o apoio das próprias inúmeras sanidades. Darwin não foi Darwin porque teve uma grande ideia. Outros tiveram versões de sua grande ideia antes dele. Ele foi Darwin porque passou dez anos procurando evidências não confirmativas e encontrando os menores exemplos, desde a criação de pombos até a passagem de sementes pela goela dos pássaros, para mostrar que poderia ter razão.

Com efeito, a própria base da variação genética que Darwin identificou corretamente como a chave para sua teoria — ele não sabia que existiam genes, mas sabia que as características eram hereditárias — acabou sendo outra variante da mesma verdade. Quanto mais os biólogos observam o comportamento do nosso genoma, mais improvável será a velha imagem de genes únicos ativando características únicas, como um interruptor acendendo a luz em uma sala de estar. Em vez disso, nem um, nem mesmo cem, mas incontáveis genes, talvez todo o genoma, contribuem até para doenças aparentemente simples. Mesmo quando se trata do interruptor de luz na parede da sala de estar, um momento de reflexão mostra que é apenas o fim de um sistema imensamente complexo de trocas que pode começar com uma usina hidrelétrica distante em Quebec. O interruptor acende a luz, mas é o ponto final de causalidade, não a causa primeira.

MILHARES DE PEQUENAS SANIDADES

Uma infinidade de pequenos efeitos é o que nos torna humanos e indivíduos distintos. E o que nos é verdadeiro como casos individuais também é como animais sociais. É sempre um monte de coisas ocorrendo ao mesmo tempo que faz uma coisa acontecer. O liberalismo é a instância social dessa observação simples.

Grandes ideias são dramáticas, trazidas a nós por revoadas de unicórnios. Ideias sensatas costumam ser uma sequência de pequenezas, enraizadas na lama pelos rinocerontes. Não havia cura milagrosa para o crime, apenas a intercessão de... daqueles milhares de sanidades menores. Uma epidemia de violência foi resolvida sem abordar o que se pensava serem seus distúrbios subjacentes. Curamos a onda de crimes sem consertar "a família negra destruída", aquele bicho-papão conservador. Aliás, nós a curamos sem maior igualdade de renda ou, verdade seja dita, sem resolvermos nem remotamente o problema das armas.

Até mesmo o problema da desigualdade de renda talvez seja suscetível a soluções diretas. Mudanças surpreendentemente pequenas na tributação sobre heranças, por exemplo, podem ter grandes efeitos sobre quem possui quanto. Os liberais podem acreditar na tributação quase completa de heranças como um bem social, reduzindo a abundância de riquezas herdadas; entretanto, mesmo mudanças muito pequenas podem ter efeitos enormes sobre a desigualdade social. Não é preciso pôr a casa abaixo para criar uma claraboia no teto. A luz também entra dessa forma. Existe um forte argumento a favor — o próprio Andrew Carnegie o defendeu — de uma taxa de imposto sobre heranças de 100% com a justificativa de que qualquer bem que possa ser feito com o dinheiro deve ser feito durante a vida, e o dano social de ter uma casta de ricos herdeiros é grande demais para qualquer bem que possa fazer. Mas essa provavelmente não é uma proposta realista, e a boa notícia é que uma mudança relativamente pequena pode

MILHARES DE PEQUENAS SANIDADES

ter um grande efeito. Como Frank Cowell, da London School of Economics, defendeu que "a tributação sobre heranças em taxas muito modestas pode conter o crescimento da desigualdade de riqueza ou reduzir o nível de equilíbrio da desigualdade".

Não precisamos saber tudo, ou compreender todo o sistema, para saber o suficiente para consertá-lo. Não precisamos perguntar como seria a justiça definitiva para tornar a vida mais justa agora. Reduzimos o crime sem saber como, apenas fazendo-o de várias formas ao mesmo tempo. A coesão social e a simpatia que surgem da sociedade civil, de coisas tão simples quanto parquinhos mais seguros e cafeterias prósperas, tornaram-se uma cola milagrosa para cidades e sociedades — uma espécie de milagre humanista, de fato, uma lição sobre capacidades de auto-organização e, às vezes, de autocura das comunidades humanas que é tão discreta, à sua maneira, quanto qualquer mistério que a fé possa oferecer.

As epidemias raramente terminam com curas milagrosas. Na maioria das vezes, na história da medicina, a melhor maneira de acabar com doenças era construir um esgoto melhor e fazer as pessoas lavarem as mãos. Poderíamos acabar com o cólera — como fizeram em Londres na década de 1860 — sem realmente compreender como as bactérias do cólera funcionam. Atacar um problema aos poucos geralmente é a melhor coisa a se fazer; continue atacando-o e, por fim, você chegará ao cerne.

A luz da liberdade irradia da tocha da grande estátua republicana em particular, em suas particularidades, suas partículas — gradações infinitas de radiância, uma torrente de iluminação ao mesmo tempo abrangente e específica. A liberdade no imaginário liberal é um campo de energia que nos permite ver tudo o que está ao nosso redor. (A propósito, como sei que você gosta de trocadilhos semicósmicos, sabia que a primeira teoria totalmente compreendida do eletromagnetismo — da luz, tal qual a liberdade, como um campo emitido, como sabemos hoje, por incontáveis ondas particulares — foi publicada por James Maxwell exatamente no glorioso ano de 1865?)

Podemos ser apaixonados por essa verdade incremental porque ela incorpora grandes valores. Os valores liberais são positivos; não uma aceitação passiva dos já existentes. Invariavelmente, as pessoas de fé tratam os valores das comunidades seculares e científicas como se não fossem valores — como se os filhos da razão e da reforma estivessem vivendo em um mundo carente de valores e compensando essa ausência com prazeres materiais. Como se o liberal fosse um homem tecnológico ou científico, no máximo. O liberalismo, nessa visão, é feito na ausência de valores.

Na verdade, ele é feito por meio de valores alternativos, que, em muitos aspectos, são comprovadamente superiores, pelo menos se acreditarmos que o teste de um valor são suas consequências reais — o valor do ceticismo acerca da autoridade, o do pluralismo, o de pequenas melhorias constantes, o da compaixão instilado como uma concepção legal. Esses são valores positivos que tiveram uma existência muito aleatória, historicamente falando, mas cujas consequências são totalmente positivas. O ceticismo acerca da autoridade recebida nos trouxe avanço científico — os comos e por quês abertos — e, com ele, o fim da peste e da fome. A tolerância resultou na ausência de massacres e contramassacres; o pluralismo permite que as pessoas vivam em paz e planejem suas famílias. Isso significa que judeus ortodoxos podem viver ao lado de muçulmanos fiéis em um bairro no Brooklyn, muitas vezes sem entrar em conflito e, com a presença da polícia secular, sem nunca iniciar uma guerra. Fazer amor em vez de guerra acaba sendo uma boa ideia para a política social.

Ceticismo, investigação constante, falibilismo, dúvida — nada disso significa não saber. Significa saber mais o tempo todo. Todas as consequências desses valores parecem "meramente" materiais, mas são eles que nos permitem aproveitar uma vida mais rica, aceitar nossa mortalidade e encontrar o caminho para a realização altruísta. Eles nos permitem deixar um mundo melhor para nossos filhos — para passarmos todos os dias, como Mill e Taylor gostariam, com música melhor, mais poesia, comida melhor, vinho melhor produzido em mais lugares. Para fazer amor com quem quisermos em vez de com quem nos mandam. Esses são valores positivos. E para aqueles que não os consideram satisfatórios, dizemos: vá, escolha os seus. A tolerância liberal inclui a de não liberais e antiliberais, desde que aceitem as regras do pluralismo. Se acharem esta uma imposição intolerável, então, sim, temos uma discordância fundamental que não pode ser igualmente dividida.

E, assim, os liberais se tornaram planetários. Pensamos de forma global. Sentimo-nos em casa no mundo. Esta é uma ideia extraordinariamente positiva para muitos — é uma extensão do cosmopolitismo liberal.

No entanto, não podemos ignorar ou olhar além da profunda realidade de que os seres humanos vivem em *lugares*. Não podemos consertar o mundo ao nosso redor desconsiderando a sala em que estamos porque o mundo começa ali. O mundo é *feito* de salas — o mundo é a sala multiplicada por muitos milhões. O que não significa que não devemos nos ocupar de consertar e curar o mundo. Significa apenas que mudanças reais começam em nossas mentes e em nossas práticas diárias imediatas. Isso é um lugar-comum não apenas entre os tipos contemplativos, quietos e voltados para o íntimo; é o que todo agitador social bem-sucedido também prega. A mudança precisa começar em casa, ou não começa em lugar nenhum.

Mas salas ficam em lugares, e um amor liberal pelo lugar é simplesmente o que queremos dizer com patriotismo. Nunca houve um momento mais urgente para sublinhar a diferença entre patriotismo e nacionalismo. Um aliado nessa empreitada é, mais uma vez, um romancista, não um erudito ou acadêmico. Philip Roth passou a maior parte dos últimos anos de sua "aposentadoria" (supostamente) tranquila meditando profundamente sobre a questão do patriotismo. Um crítico dos Estados Unidos que, no entanto, os adorou, ele remontou sua própria noção de sentimento patriótico aos anos de escola em Newark, Nova Jersey, e depois à sua experiência com os tão criticados escritores regionalistas dos anos 1930 e 1940.

"Por meio das minhas leituras, a concepção mítico-histórica que eu tinha do meu país na escola primária — de 1938 a 1946 — começou a ser despojada de sua grandiosidade por seu desdobramento nos fios individuais da realidade norte-americana — a tapeçaria da época da guerra que prestava uma comovente homenagem à autoimagem idealizada do país", disse ele. "Lê-los serviu para confirmar o que o empreendimento gigantesco de uma guerra brutal contra dois inimigos formidáveis havia dramatizado para quase todas as famílias judias que conhecíamos e todos os amigos judeus que eu tinha, diariamente, ao longo de quase quatro anos: que a conexão norte-americana de alguém sobrepujava tudo. Que a reivindicação norte-americana de alguém estava fora de questão... Que a aventura norte-americana era o destino envolvente de alguém." Ao afirmar que é particularista e patriota ao mesmo tempo — que apenas tendo uma profunda noção de lugar pode-se ter uma lealdade maior que contém dentro de si as contradições e os limites necessários — ele estreitou sua própria lealdade a Newark da classe trabalhadora e fez de Newark um microcosmo dos Estamos Unidos. Roth chamou isso, no resumo final do conjunto de sua obra, de "a intimidade implacável da ficção". Insistiu que "esta paixão pela especificidade, pela materialidade hipnótica do mundo em que se está, está mais próxima do cerne da tarefa de que todo romancista norte-americano foi encarregado desde Melville e sua baleia e Twain e seu rio: descobrir a descrição verbal mais cativante e evocativa de cada coisa norte-americana". A tarefa é estar apegado a um lugar como se está apegado a alguém: sem desconsiderar suas falhas, mas literalmente incapaz de imaginar a vida sem elas.

A proposta patriótica de Roth investe não no arco da história, mas em um sentido mais plenamente concretizado de simples pertencimento. Ele propôs um patriotismo de lugar e pessoa, em vez de classe e causa. Era um patriotismo que reconhece, em um modo clássico de pensamento liberal, quão desesperadamente dependentes somos de uma rede de associações e de uma energia comunal, da qual só nos tornamos totalmente cientes quando ela desaparece. Não apenas você *pode* voltar para casa, Roth insiste. Você *só* pode voltar para casa. Você entende os Estados Unidos ao se lembrar de Newark como ela de fato era.

Você não pode produzir um programa de patriotismo. Mas pode *permitir* um programa de patriotismo. O ex-primeiro-ministro francês Manuel Valls explicou de forma simples ao seu país: a esquerda inventou a Marianne, o símbolo da República Francesa, assim como inventou a Tricolor, a bandeira francesa. É uma loucura deixá-los como símbolos a serem usurpados pela Frente Nacional étnico-nacionalista.

Mencionar a Frente Nacional me lembra de que tentei ficar longe de questões políticas contemporâneas óbvias — em parte porque já há muito disso e mais porque as coisas podem mudar muito rápido. Eu queria oferecer algo mais permanente. O maior vício dos analistas políticos é o presentismo: o que quer que aconteça agora, continuará acontecendo. Se a coalizão de Obama está em ascensão, é o que continuará a ascender; se o liberalismo está crescendo globalmente no início dos anos 1990, é o fim da história. Hoje, vivemos na crista de uma onda populista, de um tsunami iliberal, que, país por país, parece capaz de varrer instituições e normas, que não muito tempo atrás pareciam estáveis, e nos levar à condição de putinismo.

Alguém uma vez disse que todos nós temos a filosofia da nossa insônia, ou seja, aquilo que nos mantém acordados às três da manhã é o que realmente importa para a gente. O pensamento que me mantém acordado à noite é de que as cidades liberais e a civilização liberal podem de fato desaparecer, ser esmagadas, e os valores construídos ali, erradicados, não apenas restringidos. Não pretendo minimizar esse risco — essa é a filosofia da *minha* insônia, essa angústia, a possibilidade desse desaparecimento. Nos últimos dois anos, vimos com que facilidade um autocrata petulante pode cuspir em centenas de anos de predicados e premissas democráticas. A idade das trevas acontece. No entanto, também não quero superestimar essa ameaça. E a única coisa que parece necessária dizer, com veemência e clareza, contra toda a natureza da explicação política profunda, é que acho um grande erro tornar essas questões tão restritamente causais. O populismo está crescendo por causa da imigração; o autoritarismo está em alta devido à ansiedade econômica e do neoliberalismo. Não que essas coisas não contribuam — é óbvio que contribuem de maneiras complicadas. Mas esses problemas são permanentes. Essas paixões

MILHARES DE PEQUENAS SANIDADES

— o desejo de simplicidade, a fome por uma sociedade mais fechada e familiar, a angústia absoluta de viver com incertezas — estão *sempre* prontas para explodir.

Todos já ouviram a versão oficial em que a ascensão de Hitler — e sim, vamos voltar a esse caso, e não evitá-lo, porque é o caso mais agudo de uma doença típica — foi o resultado da hiperinflação na Alemanha. Mas a inflação já havia acabado há muito tempo quando ele chegou ao poder; as angústias ainda podiam estar lá, mas não foram a causa imediata nem mesmo a causa próxima. É bastante claro que há angústia econômica em Akron, mas ela não foi a causa imediata do trumpismo. Ela está enraizada em profundos ressentimentos raciais e em atitudes que podemos remontar, demagogo por demagogo, ao rescaldo da Guerra Civil.

A história dos tempos modernos não é a de sociedades liberais estabelecidas e complacentes, ocasionalmente sujeitas a choques populistas causados por suas próprias fraquezas, inconsistências e crises econômicas — muito pelo contrário. É a história de agitação constante contra as angústias do pluralismo e da mudança social — muito mais profundas e difundidas do que qualquer crise econômica específica é capaz de causar — e de um impulso em direção a um sistema fechado e estabelecido para controlar essas angústias. Os sistemas autoritários têm diferentes nomes e sabores, mas todos compartilham um profundo mal-estar com as inconsistências e incertezas de uma sociedade aberta. O acordo liberal da década de 1870 foi seguido por aquelas revoltas anarquistas contra a imiseração capitalista — e depois com ainda mais intensidade pela força esmagadora do nacionalismo militarizado, cujo objetivo nos anos que antecederam 1914 foi exatamente purificar e regimentar uma sociedade liberal que supostamente havia se tornado permissiva e decadente demais. (Os julgamentos de Wilde na Inglaterra, assim como o caso Dreyfus na França, teriam demonstrado essa hipótese.) Isso levou ao suicídio civilizacional em massa da Primeira Guerra Mundial, que por sua vez foi seguida pela ascensão dos totalitarismos de esquerda e de direita, que dominaram a vida do mundo pelos trinta anos seguintes e foram extremamente populares e atraentes em todas as sociedades ocidentais, em especial para intelectuais.

Então, no auge da Guerra Fria, durante um período do que parecia ser uma prosperidade muito compartilhada, a ideia macartista de que o governo democraticamente eleito havia sido corrompido por completo pela subversão comunista era sustentada por pelo menos tantas pessoas quantas são fiéis ao trumpismo hoje. Enquanto isso, a crença de que o apartheid racial deveria continuar sendo parte permanente do regime norte-americano foi mantida por ainda mais pessoas. Do outro lado do oceano, as ideias maoistas eram muito populares na França durante seus "trinta anos gloriosos" de prosperidade — mesmo quando o Partido Comunista Chinês deixou os chineses famintos e brutalizados. E assim por diante. Não há momento nessa história — ou, na melhor das hipóteses, não mais do que uma dinastia no hóquei — em que o acordo se estabeleceu. Cidades e Estados liberais são as minúsculas ilhas vulcânicas erguidas em um vasto mar histórico de tirania.

Os hábitos de ódio que o medo cria, em Ruanda ou Rouen, estão *sempre* disponíveis para nós. A praga, como Albert Camus entendeu, apenas fica adormecida por um período e então irrompe novamente. A questão não é o que aflige o liberalismo, mas o que o tornou completo. Citamos muitas causas, senão a maioria ou todas: a confiança das pessoas instruídas em sua educação; a prosperidade crescente, se não igualitária no geral; uma crença fervorosa no pluralismo; a liberdade da ágora — e mais algumas.

A história é incerta e tudo o que podemos fazer é lutar por algum sentido. Aí reside a ironia máxima do liberalismo e das histórias de amor liberais. O liberalismo é um temperamento e um credo político que busca a conciliação social — que valoriza o compromisso não como um último ofício relutante, mas como um motor positivo de movimento adiante. Mas o liberal está condenado e sempre será o mais combativo de todos os tipos.

Um liberal de qualquer natureza, do meu tipo, crédulo, ou do seu tipo, mais cético, Olivia, estará para sempre competindo com as tendências totalitárias da esquerda e as brutalidades autoritárias da direita. E essa luta nunca acabará. O máximo que posso dizer é que você sempre terá aliados. Você terá John Stuart Mill e Harriet Taylor, Frederick Douglass e Bayard Rustin, George Eliot e G. H. Lewes; terá o grande concerto de humanistas decentes, de Montaigne em diante, estendendo-se atrás de você, reunidos ao seu lado, tendo lutado os mesmos tipos de lutas, contra probabilidades muito maiores do que podemos imaginar agora, com suas palavras, suas ideias, seus argumentos, suas piadas e seus diários, como você está lutando agora.

Nenhum liberal sábio jamais achou que o liberalismo compreende toda a sabedoria. A razão pela qual os liberais gostam das leis é porque elas nos oferecem mais tempo para tudo na vida que não é como elas. Quando não estamos lutando a cada minuto por direitos mínimos, reafirmando nosso território ou nos preocupando com as reivindicações do próximo clã, podemos olhar as estrelas, provar novos queijos e fazer amor, às vezes com a pessoa errada. A virtude especial da liberdade não é que ela nos torna mais ricos e poderosos, mas que nos dá mais tempo para entender o que significa estar vivo.

O liberalismo não é uma teoria política aplicada à vida. É o que sabemos da vida aplicado a uma teoria política. Que uma boa mudança acontece passo a passo, pedra por pedra, pássaro por pássaro, que avançamos na vida por vias invisíveis e, tateando em sua escuridão, despertamos para nos encontrarmos transformados e, às vezes, aprimorados. Que o que não sabemos é maior do que o que sabemos, mas que o que sabemos é profundo o suficiente para que possamos confiar. Essa conexão operante entre a nossa vida e a prática social que assumimos é a verdadeira força oculta da tradição liberal.

O liberalismo é bem-aventurado e continua a produzir aqueles milhares de pequenas sanidades em ajustes e melhorias sociais muitas vezes invisíveis, movendo-nos aos poucos para mais perto de uma Arcádia moderna. E o liberalismo está condenado e pode ser esmagado a qualquer momento por sua própria incapacidade de parar a debandada de unicórnios que chamamos de imaginação utópica. O trabalho do liberalismo é de empatia e argumentação, de fazer escolhas específicas e distinções particulares — distinguir coisas reais das imaginárias e coisas úteis das inúteis, rinocerontes de unicórnios. Nenhuma regra garante seu sucesso. É o trabalho de milhares de pequenas sanidades transmitidas a 1 milhão de mentes às vezes ansiosas e, com mais frequência, relutantes.

Se há algum consolo em sua possível extinção, é que a prática de distinguir falsas semelhanças das verdadeiras, moedas boas das ruins — frequentemente na companhia de pessoas que não suportamos — é fundamental para viver no mundo real a qualquer momento. Empatia e discussão são fundamentais para a existência. É por isso que a pré-história do liberalismo é principalmente a história da civilização comum, de bazares, ágoras e portos comerciais — todos aqueles atos forçados e oportunistas de empatia, quando era preciso fazer pechinchas, compartilhar espaço de venda e encontrar semelhanças viáveis com pessoas fundamentalmente diferentes de você para poder viver. Esse é o trabalho do liberalismo, e, mesmo que aconteça o pior, como pode acontecer, é um trabalho que não para, não pode parar, porque é também o verdadeiro trabalho do ser humano.

UMA BREVE
NOTA BIBLIOGRÁFICA

Este pequeno livro é o produto final de uma longa trajetória de leituras de filosofia, história e biografias. Também é um tipo de destilação e redução, no sentido culinário, de ideias e temas que explorei em muitos ensaios, geralmente bastante longos, que escrevi para a *New Yorker* sobre pensadores e atores liberais (e antiliberais) nos últimos vinte e poucos anos. Entre eles, estão incluídos ensaios sobre: Frederick Law Olmsted (31 de março de 1997), James Boswell (27 de novembro de 2000), Karl Popper (1º de abril de 2002), Voltaire (7 de março de 2005), Benjamin Disraeli e William Gladstone (3 de julho de 2006), G. K. Chesterton (7 de julho de 2008), J. S. Mill (6 de outubro de 2008), Samuel Johnson (8 de dezembro de 2008), Winston Churchill (30 de agosto de 2010), Adam Smith (18 de outubro de 2010), a crise norte-americana de encarceramento (30 de janeiro de 2012 e 10 de abril de 2017), Edmund Burke (29 de julho de 2013), pensadores livres e imaginação teocrática (17 e 24 de fevereiro de 2014), Michel Houellebecq (26 de janeiro de 2015), André Glucksmann (11 de novembro de 2015), Hitler e *Minha Luta* (12 de janeiro de 2016), Michel de Montaigne (16 de janeiro de 2017), a moralidade da Revolução Norte-americana (15 de maio de 2017), Philip Roth e o patriotismo (13 de novembro de 2017), o grande declínio da criminalidade (12 e 19 de fevereiro de 2018), Charles de Gaulle (20 de agosto de

2018) e Frederick Douglass (15 de outubro de 2018). Quase todos foram, por sua vez, ocasionados pela publicação de livros, com frequência novas biografias, cujas virtudes (e defeitos) foram citadas e especificadas nesses textos. Quase todos esses ensaios, assim como uma descrição mais completa de outras leituras complementares às quais eles fazem referência e nas quais reconhecidamente foram inspirados, podem ser encontrados integralmente no site da *New Yorker* (newyorker.com) [conteúdo em inglês].

Como menciono no capítulo de abertura, apenas recentemente a história do liberalismo foi libertada de uma indevida mesquinhez do meio do século. Sou grato pelo novo contexto acadêmico mais amplo a respeito do liberalismo e de sua história, a *The Myth of Liberal Individualism*, de Colin Bird, que faz bem em separar a pessoa de Mill dos mitos em torno dele, e às obras *Cosmopolitanism* e *The Ethics of Identity*, de Anthony Appiah, particularmente por suas passagens sobre o nacionalismo liberal do século XIX e por sua abordagem positiva da liberdade positiva, ou pelo cultivo da alma dentro da tradição liberal. No momento da escrita deste livro, o notável *The Lost History of Liberalism*, de Helena Rosenblatt, foi lançado, o que me animou bastante tanto por seu consenso geral quanto pelos muitos e ricos novos casos e exemplos, primordialmente tirados de fontes francesas do século XIX, que ela oferece ao emancipar a história do pensamento liberal a partir de questões estritas de direitos e individualismo. *Sentimentos Econômicos*, de Emma Rothschild, que elogio longamente em meu ensaio sobre Adam Smith, ainda é revelador por sua originalidade e clareza. Por trás de qualquer abordagem do liberalismo e de suas insatisfações, dois clássicos de meados do século XX rondam o pensamento: *Four Essays on Liberty*, de Isaiah Berlin, e *A Sociedade Aberta e Seus Inimigos*, de Karl Popper. Embora eu não trate diretamente disso nestas páginas, devemos acrescentar aqui o relato clássico de mea-

Uma Breve Nota Bibliográfica

dos do século sobre as perplexidades liberais e as soluções muito aclamadas a muitas delas, *Uma Teoria da Justiça*, de John Rawls.

No capítulo de abertura sobre o que é o liberalismo e o que ele significa, o material sobre George Eliot e G. H. Lewes se baseia em muitas fontes, as mais importantes incluem a biografia de Lewes por Rosemary Ashton, *G. H. Lewes: A life*, e *On Actors and the Art of Acting*, do próprio Lewes, infelizmente fora de catálogo hoje, que eu li (e reli) em uma edição da Grove de 1962. De longe, a melhor e mais recente análise da relação entre Eliot e Lewes pode ser encontrada em *Transferred Life of George Eliot*, de Philip Davis. Para as teorias de Habermas sobre o capital social, a fonte clássica é seu *Mudança Estrutural da Esfera Pública*, e para a teoria de capital social de Robert Putnam, a fonte clássica é seu *Democracies in Flux: The evolution of social capital in contemporary society*. Para Bayard Rustin, as melhores obras são sua biografia por John D'Emilio, *Lost Prophet*, e *I Must Resist: Bayard Rustin's life in letters*, do próprio Rustin.

Considerando o ataque da direita ao liberalismo, lancei mão, é claro, de *Three Critics of the Enlightenment*, de Berlin, e das muitas obras de Charles Taylor, em particular seu *Uma Era Secular. Por que o liberalismo fracassou*, de Patrick Deneen, é o relato recente mais provocativo da crise espiritual sentida na dispensação liberal. Para o ataque da esquerda, bebi de muitas fontes. *King Leopold's Ghost*, de Adam Hochschild, é o melhor relato sobre o genocídio congolês. As estupendas biografias de Emma Goldman agora podem ser encontradas em uma edição (resumida) da Penguin Classics. Além delas, *Agora e Depois: O ABC do anarquismo comunista*, de seu amado Alexander Berkman, que li (em uma biblioteca) em sua edição original de 1929 da Vanguard Press. As teorias marxista e pós-marxista compreendem uma lista muito vasta de títulos para serem enumerados aqui de forma organizada — só os livros relevantes sobre cultura e política e pela Escola de Frankfurt e sobre ela já compreendem uma lista enorme —, mas, a respeito de teorias contemporâneas, em particular a teoria da interseccionalidade, aprendi muito com *Critical Race Theory: The key writings that formed the movement*, editado por Kimberlé Crenshaw, Neil Gotanda, Garry Peller e Kendall Thomas, além de vários artigos de Kimberlé Crenshaw, agora reunidos em *On Intersectionality*, assim como os muitos livros de bell hooks (Gloria Jean Watkins), incluindo *E Eu Não Sou uma Mulher?*.

Por fim, tenho certeza de que o epílogo deste livro foi iluminado pelos muitos escritos sobre o liberalismo e a tradição pragmatista de Richard Rorty, incluindo seu tardiamente célebre *Achieving Our Country*, e pelas inúmeras reflexões acerca do mesmo assunto — liberalismo, pragmatismo e suas insatisfações mútuas — de meu querido amigo e colega da *New Yorker* Louis Menand.

Projetos corporativos e edições personalizadas
dentro da sua estratégia de negócio. Já pensou nisso?

Coordenação de Eventos
Viviane Paiva
viviane@altabooks.com.br

Assistente Comercial
Fillipe Amorim
vendas.corporativas@altabooks.com.br

A Alta Books tem criado experiências incríveis no meio corporativo. Com a crescente implementação da educação corporativa nas empresas, o livro entra como uma importante fonte de conhecimento. Com atendimento personalizado, conseguimos identificar as principais necessidades, e criar uma seleção de livros que podem ser utilizados de diversas maneiras, como por exemplo, para fortalecer relacionamento com suas equipes/ seus clientes. Você já utilizou o livro para alguma ação estratégica na sua empresa?

Entre em contato com nosso time para entender melhor as possibilidades de personalização e incentivo ao desenvolvimento pessoal e profissional.

PUBLIQUE SEU LIVRO

Publique seu livro com a Alta Books. Para mais informações envie um e-mail para: autoria@altabooks.com.br

 /altabooks   /alta-books   /altabooks   /altabooks

CONHEÇA OUTROS LIVROS DA ALTA BOOKS

Todas as imagens são meramente ilustrativas.